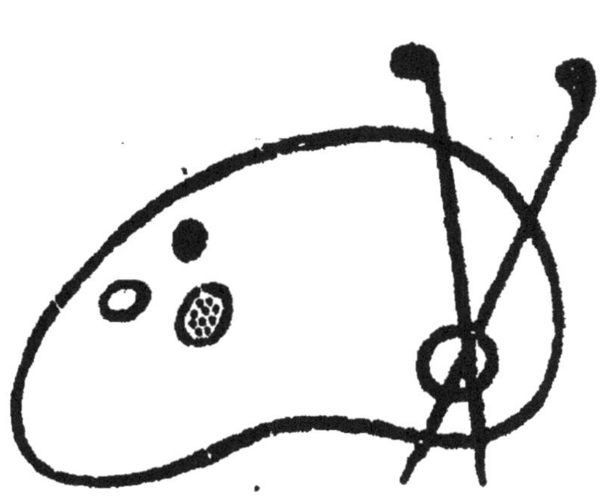

Couvertures supérieure et inférieure
en couleur

LE XVIIIe SIÈCLE

DANS LE XVIIe

PAR

J. DENIS

Doyen honoraire de la Faculté des Lettres
Correspondant de l'Institut
Membre de l'Académie des Sciences, Arts et Belles-Lettres de Caen

CAEN

HENRI DELESQUES, IMPRIMEUR - ÉDITEUR

RUE FROIDE, 2 ET 4

—

1896

LE XVIIIe SIÈCLE

DANS LE XVIIe

PAR

J. DENIS

Doyen honoraire de la Faculté des Lettres

Correspondant de l'Institut

Membre de l'Académie des Sciences, Arts et Belles-Lettres de Caen

CAEN

HENRI DELESQUES, IMPRIMEUR - ÉDITEUR

RUE FROIDE, 2 ET 4

—

1896

Extrait des Mémoires de l'Académie nationale des Sciences Arts et Belles-Lettres de Caen (1896).

LE XVIIIe SIÈCLE

DANS LE XVIIe

Lorsque Bayle, par représailles contre le dogmatisme intolérant et persécuteur, renouvela l'esprit sceptique par son érudition et par sa dialectique pénétrante et railleuse, l'autorité était partout triomphante sans réserve et sans partage. Elle dominait dans la politique et dans la société civile, comme dans le domaine religieux; il n'y avait pas jusqu'à la modeste république des lettres qu'elle ne menaçât d'envahir. Le scepticisme, ou pour parler plus exactement le libertinage d'esprit, très répandu sous Louis XIII et sous la régence, sans voir peut-être diminuer beaucoup le nombre de ses adhérents (1), avait perdu beaucoup de son crédit et de

(1) Cent mille athées dans Paris seulement, si l'on en croit Mersenne. On doit se défier de ces calculs sommaires qui sont

son audace. A demi vaincu par Descartes, par Port-Royal, par l'Oratoire, par Pascal et par les premières prédications de Bossuet, on dirait qu'il n'attendait plus que le règne personnel de Louis XIV pour disparaître tout à coup, comme par enchantement. A distance en effet, à ne considérer que la décence extérieure, l'ordre, la règle, la discipline du grand règne, et la presque unanimité de pensée de nos plus remarquables prosateurs, tous ou à peu près tous ecclésiastiques, il semble que l'esprit d'incrédulité se soit éclipsé sans bruit, sans protestation, sans murmure, sans même un soupir, sur un simple coup d'œil et à l'aspect seul du maître.

Mais il faut extrêmement se défier en histoire de ces coups de théâtre en quelque sorte magiques. On ne vit plus, il est vrai, des jeunes fous ivres courir, l'épée à la main, sur le crucifix, en criant : Voilà l'ennemi, ni des fanfarons d'irréligion se réunir pour manger de la charcuterie les jours saints. Le haut esprit de bienséance et la gravité du jeune roi auraient suffi pour étouffer jusque dans la pensée de pareils scandales qui, d'ailleurs, auraient perdu sans ressource leurs auteurs. Mais de croire que de vrais incrédules aient du jour au lendemain oublié leurs habitudes d'esprit, ce serait aller contre toute vraisemblance et, je crois, contre toute vérité. L'incrédulité avait si peu disparu dans les douze premières années du règne personnel de Louis XIV, qu'il eût pu la rencontrer près de son trône

presque toujours au-dessus de la réalité, mais l'exagération même de Mersenne prouve que les incrédules étaient fort nombreux.

et jusque dans sa famille. Madame (Henriette d'Angleterre, duchesse d'Orléans), dont l'éducation générale avait été fort négligée et dont l'éducation religieuse était nulle, affectait l'esprit fort, si nous en croyons Le Camus, évêque de Grenoble (1). La princesse Palatine, alliée aux Condés, fut assez longtemps, nous le savons par son oraison funèbre, plongée dans l'incrédulité la plus profonde, jusqu'au moment où elle fut convertie par un songe. Enfin, le grand Condé, sur la fin de sa vie, se défendait trop vivement d'avoir jamais eu le moindre doute sur la foi, pour que cette protestation tardive ne soit pas suspecte. Ce n'est pas sans doute par simple curiosité qu'en 1673, pendant la campagne de Hollande, il voulut entrer en relations avec Spinosa, dont on connaissait déjà depuis trois ans le *traité théo-*

(1) Lettre de Le Camus, citée par Sainte-Beuve, *Port-Royal*. — Le Camus ajoute que Madame, mourante, montra un courage si simple et si tranquille que le roi en fut effrayé et scandalisé. Tout cela paraît assez différent de ce qu'on lit dans l'oraison funèbre, mais n'est pas pourtant inconciliable avec la narration de Bossuet. Il est certain que Madame, quelques mois avant sa mort, eut quelques conférences avec Bossuet. Il est probable que, sans la convertir entièrement, elles la touchèrent et lui laissèrent des impressions qui reparurent à son lit de mort. Il est donc possible que Madame, d'abord intrépide et douce humainement envers la mort, se soit ensuite montrée douce et intrépide chrétiennement, touchée qu'elle fut à ses derniers moments des exhortations persuasives et pleines d'onction de Bossuet. Louis XIV fut effrayé et scandalisé des premières dispositions de la princesse dont il fut témoin, et ne connut peut-être les dernières que par ouï-dire. Ainsi se concilieraient des témoignages contradictoires, dont il n'y a pas de raison de suspecter l'un ou l'autre.

gico-politique, ce premier manifeste de critique rationnelle et hardie appliquée aux livres saints. Et Condé n'était pas le seul qui fût piqué de cette étrange curiosité. Plusieurs officiers généraux de son entourage, entre autres Luxembourg, de passage à Utrecht où Spinosa avait rendez-vous avec le Prince, s'empressèrent de lier connaissance avec le philosophe et de rechercher ses entretiens (1). Il serait facile, mais fastidieux, de recueillir dans les Mémoires et dans les correspondances beaucoup de particularités de ce genre, qui montrent que la postérité de Montaigne, de Charon et de leurs successeurs immédiats, si remuants sous Louis XIII et sous la régence d'Anne d'Autriche, était loin d'avoir péri dans l'apparente unité morale et dogmatique du grand règne. Qu'il suffise de rappeler qu'à la date où fut écrit le dernier chapitre des *Caractères* (2), la situation morale n'avait pas beaucoup changé. Si les esprits forts sont moins en vue, moins effrontés et plus circonspects que vers 1660, ils ne sont guère moins nombreux qu'à l'époque où Garasse et Mersenne poussent le cri d'alarme. Toute la différence, c'est que les faux dévots et les hypocrites (3) fourmillaient à côté de ce qui

(1) E. Paulus, *Spinosa*, t. I, 624-626.

(2) Je ne saurais la préciser, parce que je n'ai pas sous la main toutes les éditions de La Bruyère. Mais elle tombe certainement entre 1687 et 1695.

(3) Il y aurait sans doute de l'exagération à transformer en athées les dévots de cette espèce, d'après le mot de La Bruyère : « Un dévot (lisez faux dévot) est celui qui, sous un roi athée, serait athée » (ch. de la *Mode*), mais il est constant que nombre d'incrédules de la Régence se sont recrutés parmi les dévots ou hypocrites de la fin du grand règne.

subsistait des libertins antérieurs au vrai règne de Louis XIV.

Cela supposé, sans plus ample démonstration, on se propose de rechercher les œuvres littéraires et les sociétés mondaines où se conservait le vieil esprit épicurien et sceptique, de mettre en lumière les secrets rapports qu'il y eut entre les restes de cet esprit et la fameuse question des *anciens* et des *modernes*, et enfin de marquer la part considérable de Fontenelle dans la transformation de l'esprit français à la fin du XVII° siècle.

Il y a toute une catégorie de prosateurs — les Méré, les Miton, les Bussy Rabutin, les Sarrazin, les Charleval, les Saint-Évremond — qui s'étaient fait un nom avant l'apparition des *Provinciales* et que nos histoires générales de la littérature française ignorent ou passent sous silence. Ils représentent pourtant un coin curieux et non sans importance de la société du XVII° siècle. S'ils ne sont pas tous franchement libertins, si même aucun peut-être ne l'est d'une manière formelle et déclarée, ils ont tous une pente sensible au libertinage. Je ne m'étendrai quelque peu que sur l'un d'eux, Saint-Évremond, après avoir marqué ce qu'ils ont tous de commun.

Un des traits qui les distinguent tous de nos grands écrivains classiques, c'est qu'ils offrent tous un certain air d'indépendance. Non, qu'ils soient de plus libres esprits qu'un Pascal, qu'un Bossuet, qu'un Bourdaloue, etc. Il y aurait autant de mauvais goût que de sottise à le prétendre. Mais ne se rattachant, à proprement parler, ni à la tradition classique de l'antiquité grecque

et latine, ni à la tradition chrétienne, ils semblent ne
devoir qu'à eux-mêmes leur art et leur pensée. Sans
grand souci de l'expérience universelle représentée par
la tradition, et qui n'impose à l'esprit d'autre contrainte
que celle de la raison, ils aiment à se cantonner dans
leurs observations et leurs réflexions personnelles plus
ou moins profondes, plus ou moins piquantes, sur la
société polie de leur temps; et c'est sur la bonne com-
pagnie qu'ils mesurent l'humanité tout entière. Aussi
sont-ils par avance des modernes tels que nous les ren-
contrerons dans les dialogues de Perrault; et, par là, ils
font l'illusion d'esprits indépendants, dégagés de toute
servitude. Mais s'ils échappent à l'esclavage du pédan-
tisme et de l'autorité, ils courent risque de tomber sous
l'esclavage de la mode, plus inévitable et plus dangereux,
parce qu'il est plus subtil et moins aperçu. Leur art est à
l'avenant: dégoûtés, et non sans raison, de la rhétorique
de Balzac, qui avait pourtant importé ou plutôt trouvé
dans notre langue des qualités jusqu'alors inconnues,
ils fuient non seulement le ton oratoire, mais même
l'éloquence comme trop violente pour le tempérament
moyen (1) et les habitudes raffinées de leur esprit; ils
ne connaissent, ils ne cherchent que le ton et le langage de la bonne société.

(1) Sans prétendre expliquer leur rhétorique, Saint-Évremond nous en donne à entendre le principe et le fond, dans
ces deux lignes des *Réflexions sur la religion* : « L'esprit ordinaire est peu favorable aux grandes vertus. Une sagesse
élevée offense une raison commune. » Ne pas s'élever au-
dessus du ton de la conversation des *honnêtes gens*, voilà le
grand arcane de leur art ou de leur rhétorique.

Leur constante préoccupation, leur prétention la
plus chère, c'était de ne représenter que les mœurs et
le langage des honnêtes gens. « L'esprit et l'honnêteté,
écrit Méré à Pascal, sont au-dessus de tout ». Mais
qu'entendaient-ils par honnêteté ? D'abord (et il serait
injuste de ne pas le reconnaître), ils entendaient ce
que nous entendons nous-mêmes quand nous parlons de
l'honnête homme, je veux dire la probité, la loyauté,
l'exactitude à tenir ses engagements, la fidélité à ses
amis, la modération, en un mot, les vertus qu'on ap-
pelait alors vertus morales (1), pourvu qu'elles fussent
accompagnées d'élégance, de distinction et d'esprit ;
et en cela ils n'étaient libertins qu'autant qu'ils se re-
fusaient à reconnaître des vertus plus hautes et venant
d'une autre source que les vertus humaines. En second
lieu, il est d'autres qualités qui paraissent essentielles
pour faire l'honnête homme du XVII⁰ siècle et qui ne
nous paraissent nullement inhérentes à la vraie honnêteté. On n'entend parler dans les écrits de nos beaux
esprits moralistes que de finesse d'esprit, que de belles
manières, que de langage poli, que de délicatesse et de
cette chose équivoque appelée galanterie, dont on ne
saurait dire si elle est une galanterie réelle et effective,
telle que la pratiquait Ninon, ou une idée en l'air
comme la chimère et les centaures, laquelle faisait
l'occupation creuse et les délices des précieuses. Méré

(1) C'est ce que Pascal entendait, lorsqu'il crie aux incrédules, jeunes ou vieux, qui mettaient le bel air dans l'irréligion :
« Qu'ils se montrent au moins honnêtes gens, s'ils ne peuvent
être chrétiens ». Et il énumère quelques-unes des vertus qui
font l'honnête homme selon le monde (art. IX, n⁰ 1).

nous saure de ces fadaises jusqu'à la nausée et Saint-
Évremond ne nous les épargne pas, même dans son
écrit en apparence le plus sérieux *des divers génies du
peuple romain.*

Ce qu'il nous importe de voir ici, ce sont les prodi-
gieuses conséquences qui peuvent sortir de cette confu-
sion sous un même nom de l'honnêteté vraie avec
des qualités qui n'ont rien de commun avec elle. On
n'en trouve pas, que je sache, dans Méré, qui soient trop
contraires à la religion ou à la simple moralité (1). On
ne peut lui reprocher que son engoûment pour le bel
air qui bien souvent n'est rien moins que respectable.
Mais quel singulier héros va choisir Saint-Évremond!
Dans les pièces de vers qu'il lui consacre, comme dans
les *Mémoires* d'Hamilton, le comte de Grammont ne
paraît qu'un fripon (2) avec beaucoup de bravoure,
assez d'esprit et très peu de scrupule. Sa religion est de
n'en point avoir; il n'est ni pour ni contre la foi; il
l'ignore absolument. Ce n'est que par procuration en
quelque sorte qu'il pratique :

> Allait-il souvent à la messe ?
> Entendait-il vêpre, sermon ?
> S'appliquait-il à l'oraison ?
> Il en laissait le soin à la comtesse.

Voilà le héros de Saint-Évremond, voilà l'honnête

---

(1) A moins qu'on ne prenne trop au sérieux son admiration
du mot de La Rochefoucauld, qu'Épicure est un saint.

(2) Saint-Simon dit *escroc.*

homme (1) dont il ne nous propose pas le modèle, parce qu'il est inimitable, mais qu'il admire et qu'il envie. Ce n'est pas le seul exemple de l'idée singulière que beaucoup de personnes se faisaient au XVII° siècle de l'honnête homme. Pétrone, par exemple, paraît à Saint-Évremond un des plus honnêtes gens de l'antiquité, et pourquoi ? parce que Tacite le vante de son luxe savant et ingénieux (*erudito luxu*) et qu'il le donne comme la règle et l'arbitre des plaisirs élégants et du bon goût (*arbiter elegantiarum*) (2). Or à ce compte, l'honnêteté peut s'allier avec l'immoralité et la corruption la plus profonde, ou tout au moins, comme disait Hautru, cité par Saint-Évremond, « honnête homme et bonnes mœurs ne s'accordent pas ensemble » (3). C'est le dernier mot de nos moralistes mondains. Ils ne l'auraient pas avoué tous, je le sais, et de plus, comme je l'ai déjà donné à entendre, leur vie, sans être bien sévère, valait mieux que leurs idées. Ils aimaient le plaisir, mais ils haïssaient les excès et les grossièretés de la débauche ; et surtout par goût et par une certaine générosité de race, ils étaient en général incapables d'actions lâches et viles, en même temps que très capables de bons offices et de dévouement (4).

(1) Voyez le portrait que trace Saint-Simon de cet honnête homme. Il est un peu poussé au noir, mais après tout il n'est guère de trait qui ne se trouve dans Saint-Évremond et dans Hamilton. Il n'y a que les mots « son extrême poltronnerie » que je ne m'explique pas (Saint-Simon, liv. III, ch. XXXI, année 1707).

(2) Saint-Évremond, *Sénèque, Plutarque et Pétrone*, p. 115.

(3) Id., *ibid.*, p. 119.

(4) Témoin le souvenir fidèle et reconnaissant de Saint-Évre-

Pénétrons un peu plus avant dans la pensée de Saint-Évremond, et peut-être saisirons-nous la nature de son libertinage et de celui de ses contemporains et amis. Il se donne lui-même pour un « philosophe également éloigné du superstitieux et de l'impie » (1). Mais ce titre de philosophe n'est pas un garant bien sûr de la réalité et de la rectitude de sa foi ; et l'on peut avoir autant et plus d'éloignement pour l'impiété que pour la superstition, sans être un croyant ferme et docile. Ce qu'on peut dire de lui, c'est qu'il ne se montre jamais révolté ni agressif. Il n'a ni emportement, ni railleries contre les mystères, contre les dogmes, contre les livres saints. Sa plus grande témérité est son opinion sur le *Cantique des Cantiques*. « Qu'on me pardonne, écrit-il, si je n'y cherche pas un sens mystique. On ne me persuadera jamais que Salomon ait voulu faire

mond pour Fouquet disgracié, s'il s'agit de Fouquet, comme j'en suis persuadé, dans le passage suivant : « Comme je n'ai aucun mérite éclatant à faire valoir, je pense qu'il me sera permis d'en dire un qui ne fait pas la vanité ordinaire des hommes, c'est de m'être attiré pleinement la confiance de mes amis ; et l'homme le plus secret que j'aye connu de ma vie n'a été plus caché avec les autres, que pour s'ouvrir davantage avec moi. Il ne m'a rien célé, tant que nous avons été ensemble, et peut-être qu'il eût bien voulu me pouvoir dire toutes choses, lorsque nous avons été séparés. Le souvenir d'une confidence si chère m'est bien doux ; la pensée de l'état où il se trouve m'en est plus douloureuse. Je me suis accoutumé à mes malheurs ; je ne m'accoutumerai jamais aux siens ; et puisque je ne puis donner que de la douleur à son infortune, je ne passerai aucun jour sans m'affliger ; je n'en passerai aucun sans me plaindre » (*Sur l'Amitié*, p. 141-142).

(1) Épitaphe de M. de Grammont, etc., p. 213.

parler Jésus-Christ à son Église avec des sentiments plus
mous et des expressions plus lascives que n'en ont eu
Catulle pour Lesbie, Ovide pour Corinne, en vers plus
tendres que ceux de Pétrarque pour Laure, que ceux de
Voiture pour Bélise » (1). Moins l'incongruité de ces
rapprochements de Salomon avec les érotiques profanes, qui auraient fait frémir un vrai croyant et
qui ne marquent pas une révérence bien profonde
pour les personnages de la Bible, l'opinion de Saint-
Évremond peut être malsonnante, mais il serait
excessif d'y voir un acte exprès d'hostilité. Sa modération naturelle encore fortifiée par la réflexion et par la
morale d'Épicure qu'il s'était appropriée, ses habitudes
d'esprit, sa circonspection et peut-être simplement son
bon goût d'homme du monde, ne lui permettaient ni
haines vigoureuses ni tentations d'humeur militante à
l'endroit des idées qu'il pouvait ne pas partager.

Il a assisté aux querelles des Jansénistes et des Jésuites; il a vu la révocation de l'édit de Nantes et ses
tristes effets. Mais il n'a garde de s'aventurer et de se
compromettre dans ces mêlées théologiques. A peine
s'il touche en passant à l'acte impolitique d'intolérance,
qui jeta tant de Français à l'étranger et qui raviva les
haines religieuses. Son opinion pourtant n'est pas
douteuse, quoique fort discrète. Dans son *éloge* de Turenne, il écrit ces simples mots qui sont la condamna-
tion de la politique de Louis XIV : « Dans l'une et l'autre
religion, (M. de Turenne) n'allait qu'au bien; huguenot,

---

(1) *De l'amitié sans amitié*, p. 150. — Ce titre est, dit-on, de
M⁰ᵉ de Mazarin.

il n'avait rien d'opposé à l'intérêt des catholiques; converti, il n'avait point de zèle préjudiciable aux huguenots. Dans la déférence qu'avait le roi pour son grand sens, il est à croire qu'il l'aurait suivi, et que les ministres huguenots n'auraient pas à se plaindre de leur ruine, ni le clergé catholique à se repentir de son zèle » (1). Il paraît d'ailleurs, ce qui lui permettait de juger plus sainement des choses, être resté assez indifférent entre les deux communions, comme le montre son testament où il distribue sa fortune, partie aux indigents, de quelque religion qu'ils fussent, partie aux pauvres Français exilés comme lui. On pourrait, sur une lecture superficielle de la *Conversation du maréchal d'Hocquincourt avec le P. Canaye* et de la *Conversation de M. d'Aubigny*, supposer qu'il s'est plus occupé de la querelle des Jésuites et des Jansénistes, et même qu'il a pris parti contre les premiers. Mais avec un peu d'attention, on s'aperçoit bientôt que la question théologique est nulle à ses yeux. Il réduit toute la dispute à une simple rivalité de direction. Quant à l'objet dogmatique en cause, on peut dire qu'il renvoie les plaideurs dos à dos par cette courte décision : « Il me souvient d'avoir vu de l'aliénation entre les religieux dont les uns allaient à tout craindre de la justice de Dieu et les autres à tout

(1) P. 66. — Voici la seule autre trace que j'aie trouvée de ses sentiments sur la *Révocation :* « Je suis logé avec M. de Hermitage, fort honnête homme, réfugié en Angleterre pour sa religion. Je suis fâché que la conscience des catholiques ne l'ait pu souffrir à Paris, ou que la délicatesse de la sienne l'en ait fait sortir » (Correspondance, p. 231).

espérer de sa bonté (1). — Je veux, en un mot, une morale chrétienne, ni austère, ni relâchée » (2).

Ce n'est donc pas sur tel ou tel point particulier de dogme ou de morale que Saint-Évremond est libertin ; mais j'ose dire que son être tout entier était dans une sourde et invincible opposition avec l'esprit du christianisme. La nature l'avait doué, à ne considérer les choses qu'au point de vue purement humain, du plus excellent tempérament, dont il se félicite plusieurs fois dans sa correspondance et qu'il conserva jusqu'à l'extrême vieillesse. « A quatre-vingt-huit ans, dit-il dans une lettre, je mange encore des huîtres tous les matins, je dîne bien, je ne soupe pas mal » (3), et cela, aurait-il pu ajouter, sans préjudice de ma santé et de l'appétit du lendemain. Cette remarquable constitution physique le prédisposait naturellement à la philosophie du « bon Épicure » (4). Non content d'écrire : « J'ai toujours admiré la morale d'Épicure et n'ai rien estimé tant de cette morale que la préférence qu'il donne à l'amitié sur toutes les autres vertus » (5), il confesse ailleurs qu'il est pleinement persuadé de l'opinion du philosophe grec. On pourrait croire toutefois que ce n'est qu'une persuasion relative par comparaison avec les autres doctrines, et que dans cette phrase : « Je confesse que, de toutes les opinions des philosophes touchant le souverain bien, il n'y en a point

(1) *De l'amitié*, p. 162.
(2) Derniers mots de la Conversation de M. d'Aubigny.
(3) *Corr.*
(4) *Des plaisirs*, p. 135.
(5) *De l'amitié*, p. 140.

de si raisonnable que la sienne » (1), les mots « des philosophes » impliquent une restriction, les philosophes
n'étant pas les seuls qui aient agité cette question. Mais
lorsqu'il ajoute, quelques lignes plus bas, que « c'est
une chose claire d'elle-même que la jouissance du
plaisir, la volupté, pour tout dire, est la fin à laquelle
toutes nos actions se rapportent », et qu'il « en est
pleinement persuadé », il ne peut rester aucun doute
sur sa pensée. L'épicurisme, d'ailleurs, est la morale
naturelle des gens du monde : témoin les innombrables
traductions d'Horace en vers et en prose. Saint-Évremond adopte donc sans hésitation, comme sans réserve,
le principe même de la morale d'Épicure, et il n'a pas
plus d'hésitation sur les conséquences.

Mais il ne faut pas attendre de lui une explication
suivie, comme celle de Gassendi, son maître et son
guide en matière de philosophie. Il philosophe à bâtons
rompus, sans même se soucier, dans ses nombreux et
courts écrits, de se contredire ou de paraître se contredire. Voici d'ailleurs, je ne dirai pas sa méthode — le
mot serait vraiment pédantesque appliqué à un tel
écrivain, — mais sa manière : « Vous me demandez,
écrit-il à M. d'Olonne, ce que je fais à la campagne. Je
parle à toutes sortes de gens; je pense sur toutes sortes
de sujets, je ne médite sur aucun. Les vérités que je
cherche n'ont pas besoin d'être approfondies » (2). Et
la raison qu'il donne d'écumer ainsi les idées, plutôt
que de les analyser, est singulière dans un homme qui

(1) *Sur la morale d'Épicure*, p. 174.
(2) *Des plaisirs*, p. 128.

se montre si content de la vie. Elle vaut que je m'y arrête quelque peu, au risque de rompre le fil de mes déductions. « D'ailleurs, ajoute-t-il, je ne veux avoir sur rien un commerce trop long et trop sérieux avec moi-même. La solitude nous impose je ne sais quoi de funeste par la pensée ordinaire de notre condition où elle nous fait tomber... Il n'appartient qu'à Dieu de se considérer et de trouver en lui-même sa félicité et son repos. A peine nous saurions jeter les yeux sur nous que nous rencontrons mille défauts qui nous obligent de chercher ailleurs ce qui nous manque » (1). Ne croirait-on pas entendre un écho affaibli de quelques pensées de Pascal (2)? Mais la conclusion que les deux moralistes tirent de cette vue mélancolique de notre condition est radicalement opposée. Tandis que l'un veut qu'on s'enfonce dans ces tristes pensées pour mieux sentir son néant et sa misère, et par ce moyen la nécessité de la rédemption, l'autre veut qu'on les fuie, et que, par une espèce de diversion, on se détourne des objets pénibles et lugubres vers des idées agréables et riantes. Pour vivre heureux, dit-il, il faut faire peu de réflexions sur la vie (3), mais souvent sortir comme hors de soi, et parmi les plaisirs que nous fournissent

(1) *Des plaisirs*, p. 129.

(2) Ce serait une erreur pourtant. Les *Pensées* n'étaient ni publiées, ni même écrites, lorsque Saint-Évremond fit ce petit traité en 1656, dans la retraite où il se tenait caché pour éviter les suites de son duel avec le marquis de La Fare.

(3) C'était une idée arrêtée dans l'esprit de Saint-Évremond. Il reprochait à Ninon de trop réfléchir, en lui disant qu'elle mourrait de réflexions.

les choses étrangères, se dérober la connaissance de ses propres maux » (1).

Je reviens de cette brève digression. Tel n'était pas le train habituel de la pensée de Saint-Évremond, ni le jour sous lequel il avait coutume de considérer la vie. Nullement mélancolique ni pessimiste de nature, il se flattait de n'être pas de ceux qui s'amusent à se plaindre de leur condition au lieu de l'adoucir. « Je laisse volontiers ces Messieurs, écrit-il, dans leurs murmures, et tâche à tirer quelque douceur des mêmes choses dont ils se plaignent. Je cherche dans le passé des souvenirs agréables et des idées plaisantes dans l'avenir » (2). Il aimait tous les plaisirs, mais comme les délicats, « sans lesquels la galanterie serait inconnue, la musique rude, et les repas malpropres et grossiers » (3). Il recommandait en même temps de rester maître de soi : non pas, disait-il à Mme de Mazarin, pour passer des jours ennuyeux dans une inutilité sèche et triste, dont on a voulu faire de la vertu, mais pour disposer de vos sens avec empire et pour ordonner vous-même de vos plaisirs » (4).

Ce qu'il admettait plus difficilement ou plutôt ce qu'il lui était impossible d'admettre, c'était toute espèce de mortification ou de pénitence. On ne pourrait certes

----

(1) *Des plaisirs*, p. 128-129.

(2) *Des plaisirs*, p. 134.

(3) *Des plaisirs*, p. 132.—Mêmes idées un peu plus haut, 131 : « Si nous n'en avons aucun soin (de nos plaisirs), nous les prendrons mal à propos, dans un désordre ennemi de la politesse, ennemi des goûts véritablement délicats. »

(4) *Sur l'amitié*, p. 147.

lui reprocher, ce qu'il attribue à Pétrone, de donner un air de ridicule à toute apparence d'austérité. Mais on sent bien qu'elle lui paraît déraisonnable. Soit qu'il fasse prévoir à M. d'Aubigny un changement dans le Jansénisme, soit qu'il loue la dévotion de Mme de Mazarin, il attaque l'austérité comme une vertu hors d'usage et, à ses yeux, impossible, fruit d'une humeur sombre, farouche et insociable.

« Nos opinions, fait-il dire à M. d'Aubigny, ne sauraient subsister d'elles-mêmes : elles sont une violence éternelle à la nature... Le christianisme est divin ; mais ce sont des hommes qui le reçoivent ; et, quoi qu'on fasse, il faut l'accommoder à l'humanité. Rien n'est durable que ce qui s'accommode à la nature » (1). Mais c'est peut-être dans l'éloge de la dévotion de Mme de Mazarin qu'éclate le plus l'incompatibilité de la raison avec l'esprit de la morale chrétienne. Je donne le passage *in extenso*, malgré sa longueur. « Je dois finir par une qualité qui doit être considérée devant toutes les autres. Elle est dévote, mais sans superstition, sans mélancolie ; éloignée de cette imbécillité qui se forge sur tout des miracles et se persuade à tous moments des visions surnaturelles ; ennemie de ces humeurs retirées qui mêlent insensiblement dans l'esprit la haine du monde et l'aversion des plaisirs, elle ne croit pas qu'il faille se retirer de la société des hommes pour chercher Dieu dans l'horreur de la solitude ; elle ne croit pas que se détacher de la vie civile, que rompre les commerces les plus raisonnables et les plus chers, soit

____

(1) *Conversation de M. d'Aubigny*, p. 28.

s'unir à Dieu, mais s'attacher à soi-même et suivre follement son imagination. Elle pense trouver Dieu parmi les hommes où sa bonté agit plus et où sa providence paraît plus dignement occupée » (1). Saint-Évremond pardonne (c'est son expression) à certains religieux la triste singularité de ne manger que des herbes (2), uniquement en raison de la fin qu'ils se proposent dans cette action vaine. Enfin, il laisse échapper — dans une lettre, et non dans un écrit destiné à la publicité — cette paradoxale et bizarre proposition du gassendiste Bernier, que l'abstinence des plaisirs est un grand péché. Il ne prend pas sans doute cet apophtegme à son compte, mais peu s'en faut : « Je fus surpris, dit-il, de la nouveauté du système ; il ne laissa pas de faire quelque impression sur moi. S'il eût continué son discours, peut-être m'aurait-il fait goûter sa doctrine » (3). Or, comme certaine maxime que j'ai citée de Bautru m'a paru le dernier mot des honnêtes gens sur la morale humaine, cette proposition du *joli* philosophe Bernier, comme l'appelle Saint-Évremond, me paraît le dernier mot des moralistes épicuriens sur la morale chrétienne.

Les sentiments de notre philosophe sur la mort ne s'éloignent pas moins de ceux des croyants que ses opinions sur les austérités et la mortification. La mort

(1) *La Femme qui ne se trouve pas*, p. 189.

(2) *Sur la morale d'Épicure.*

(3) *Correspondance*, p. 257. Cette proposition est bizarre à cause de l'impropriété du terme péché, n'y ayant pas proprement de péché dans l'épicurisme, mais des erreurs, des folies.

de Pétrone lui paraît la plus belle de l'antiquité, non seulement parce qu'elle ne fait paraître aucune trace de faiblesse, de peur ou de regret, mais encore et surtout parce que cet épicurien accompli, cet honnête homme par excellence a donné les derniers moments de sa vie à des bagatelles, s'amusant à écouter non les dogmes des philosophes sur l'immortalité de l'âme, mais des chansons aimables et des vers légers, tant la mort lui semblait une chose frivole et peu digne qu'on s'en souciât. Il ne craint pas d'opposer et de préférer cette fin si peu sérieuse, mais si intrépidement insouciante, à celle de Socrate. Sans doute, il avoue que « Socrate est mort véritablement en sage et avec assez d'indifférence »; mais une chose le fâche, c'est qu'il ait cherché à s'assurer de sa condition. Socrate « en raisonnait sans cesse dans la prison avec ses amis, et assez faiblement, et, pour tout dire, la mort lui fut un objet considérable », tandis que « Pétrone est le seul qui ait fait venir la mollesse et la nonchalance dans la sienne (1) ».

Ce n'est pas pour Saint-Évremond que la vie est l'apprentissage et la méditation de la mort. Il ne défend pas de songer quelquefois à la fin qui nous attend : car « il est impossible de ne pas faire quelque réflexion à une chose si naturelle ». Mais il n'en saurait approuver l'étude particulière. Il mettait tout son bonheur dans la raison, et l'emploi de la raison ou la sagesse dans l'art de régler, de ménager nos plaisirs avec une juste économie, c'est-à-dire dans l'apprentissage de la vie et

(1) *Sénèque, Plutarque et Petrone*, p. 116.

non dans la continuelle méditation de la mort pour s'y
préparer. « Pour moi, dit-il lestement, qui ai toujours
vécu à l'aventure, il me suffit de mourir de même.
Puisque la prudence a eu si peu de part aux actions
de ma vie, il me fâcherait qu'elle se mêlât d'en régler
la fin (1) ». Je crains que la pensée de Saint-Évremond,
inconsciemment peut-être, ne soit allée plus loin que cette
nonchalance au sujet de la mort et de ses suites, et qu'il
ne répugnât pas trop à l'anéantissement total, ce dogme
favori des épicuriens de tous les temps. C'est du moins
ce que font soupçonner les dernières lignes du pané-
gyrique paradoxal de la mort de Pétrone : « C'est pour
lui proprement que mourir c'est cesser de vivre. Le
vixit des Romains lui appartient justement ». Mais ne
pressons pas trop des paroles que l'auteur a écrites
peut-être sans en mesurer la portée (2).

Voilà le libertinage de Saint-Évremond tel que je
l'entends : libertinage sans dérision, sans aigreur, sans
esprit d'hostilité contre les croyances établies, coulant
de source et spontanément, plutôt qu'il ne part d'un
propos délibéré et de l'intention formelle d'ébranler et
de détruire des opinions qu'il ne partage pas.

Cependant, il y a deux petits écrits, l'un intitulé :
Réflexions sur la religion, l'autre : *Que la dévotion est
le dernier de nos amours*, qui portent des traces ma-
nifestes de quelque christianisme. A le bien prendre,
cela ne peut modifier nos expositions précédentes. Je
ne dirai pas que les *Réflexions sur la religion* sont une

(1) *Des Plaisirs*, p. 130.
(2) *Sénèque, Plutarque et Pétrone*, p. 116.

œuvre de circonstance, adressée à la duchesse de Mazarin, qui, venant de perdre en duel son amant,
M. de Banier, pensait à se retirer dans un couvent,
et que, par une tactique bien connue des faiseurs de
Consolations, il entre dans les sentiments et les vues
de son amie pour la détourner insensiblement de sa
résolution. Sans recourir à cette petite stratégie ni aux
faits qui furent l'occasion de l'écrit, il est facile d'en
expliquer la composition et l'économie. Dès les premiers
mots, Saint-Évremond reconnaît un hédonisme supérieur
à celui d'Épicure. Il y a là une page excellente (1) et
presque toute chrétienne dont je ne citerai qu'une
ligne, parce qu'elle suffit pour faire entendre l'ordre
d'idées dans lequel se meut le discours de l'auteur.
« La philosophie, dit-il, ne va pas plus loin qu'à nous
apprendre à souffrir nos maux : la religion chrétienne
nous en fait jouir ». Mais cette page est encadrée et
comme étouffée entre deux séries de réflexions où re-
vient l'esprit critique et sceptique de l'écrivain. Voici, en
effet, ce qui la précède immédiatement : « Nous disons
par docilité que nous croyons ce qu'on nous dit avec
autorité qu'il faut croire ; mais sans une grâce particulière, nous sommes plus inquiétés que persuadés d'une
chose qui ne tombe point sous l'évidence des sens et
qui ne fournit aucune sorte de démonstration à notre
esprit » (2). Et voici ce qui la suit, après quelques con-

---

(1) Je voudrais en voir disparaître la disparate : « et l'on peut
dire sur elle (la religion) ce qu'on a dit galamment sur l'amour :
Et les autres plaisirs ne valent pas ses peines.

(2) *Réflexions sur la religion*, p. 161.

sidérations secondaires qui ne font rien au sujet : « Dans la plupart des chrétiens, dit-il, l'envie de croire tient lieu de créance ; la volonté leur fait une espèce de foi par les désirs, que l'entendement leur refuse par ses lumières. J'ai connu des dévots qui, dans une certaine contrariété du cœur et de l'esprit, aimaient véritablement Dieu sans le bien croire, etc. » (1). Il n'y a point là évidemment de quoi nous forcer à nous dédire sur l'incrédulité foncière de Saint-Évremond. Et la conclusion de tout le discours confirme notre impression. En admettant que Dieu seul peut nous donner une foi ferme, il ne montre pas une grande confiance dans les enseignements de la foi ». L'humanité, dit-il, mêle aisément ses erreurs en ce qui regarde la créance ; elle se mécompte peu dans la pratique des vertus. Car il est moins en notre pouvoir de penser juste sur les choses du ciel que de bien faire. Il n'y a jamais à se méprendre sur les actions de justice et de charité » (2).

Je m'arrêterai peu sur l'opuscule intitulé : *Que la dévotion est le dernier de nos amours*, quoi qu'il me paraisse l'un des plus ingénieux et le plus suivi de tous ceux que je connais de Saint-Évremond. C'est un écrit qui n'est ni pieux, ni impie, ni religieux, ni irréligieux. Il consiste dans une suite d'observations fines et piquantes sur la dévotion, faites par un spectateur désintéressé. Je me contenterai d'en citer (3) seulement en note

(1) *Réflexions sur la religion*, p. 167.
(2) *Id.*, p. 168.
(3) ... « S'il souvient à une âme convertie d'avoir soupiré, ou elle vient à aimer Dieu et s'en fait un nouveau sujet de soupirs et de langueurs, ou elle arrête son souvenir avec agrément sur

une demi-page qui, par je ne sais quelle rencontre
singulière, rappelle la querelle du quiétisme. Ce morceau
pourtant ne manque pas plus d'importance historique
que de pénétration et d'ingéniosité morale. On sait
combien les beaux esprits mâles ou femelles avaient
disserté et raffiné sur l'amour, sans renoncer toutefois,
quoi qu'on dise, à l'amour réel tout en nageant dans les
idéalités. Cette infatuation d'amour platonique avait
en partie cessé durant les brillantes années du règne
personnel de Louis XIV, au milieu des triomphes reten-
tissants, des fêtes magnifiques et des désordres du
grand roi, qui ne paraissaient pas tels alors et qui

l'objet de ses tendresses passées. La peur de la damnation,
l'image de l'enfer avec tous ses feux, ne lui ôteront jamais l'idée
d'un amant; car ce n'est pas à la crainte, c'est au seul amour
qu'il est permis de bien effacer l'amour. Je dirai plus: une
personne sérieusement touchée ne songe plus à se sauver,
mais à aimer quand elle s'unit à Dieu. Le salut, qui faisait le
premier de ses soins, se confond dans l'amour qui ne souffre
plus de soins dans son esprit ni de désirs en son âme que les
siens. Que si on pense à l'éternité dans cet état, ce n'est point
pour appréhender les maux dont on nous menace, ou pour
espérer la gloire que l'on nous promet; c'est dans la seule vue
d'aimer éternellement qu'on se plaît à envisager une éternelle
durée. Où l'amour a su régner une fois, il n'y a plus d'autre
passion qui subsiste d'elle-même: c'est par lui qu'on espère et
que l'on croit, c'est par lui que se forment nos joies et nos
douleurs » (*Que la dévotion*, etc., p. 171). — J'ignore la date de
cet opuscule; je ne puis donc dire s'il est antérieur ou postérieur à la querelle de Bossuet et de Fénelon. S'il est antérieur,
je ne sais qui a inspiré Saint-Évremond. S'il est postérieur ou
plutôt contemporain, c'est à Fénelon que Saint-Évremond a
emprunté la substance de ses idées.

n'étonnaient personne. Mais l'âge était venu ; les temps devenaient sombres ou menaçaient de le devenir. Tout ce qui restait de précieux et de précieuses courait à la dévotion sous la bannière de Mme de Maintenon. Saint-Évremond vient leur enseigner tout doucement qu'ils n'ont pas autant changé qu'ils le croient, et que leur dévotion n'est que l'amour sous une autre forme, qui vient occuper leurs cœurs désabusés et vides (1). Quant à lui, il n'est pas difficile de deviner que cet amour d'une espèce particulière n'est pas à son usage. En apprenant la conversion du comte de Grammont, il écrit ironiquement à Ninon : « Jusqu'ici, je me suis contenté d'être homme de bien. Il faut faire quelque chose de plus, et je n'attends que votre exemple pour devenir dévot » (2). Puis, continuant sur le même ton et sans doute à l'idée de l'hypocrisie qui régnait à la Cour, et de là se répandait à Paris : « Vous vivez ajoute-t-il, dans un pays où l'on a de merveilleux avantages pour se sauver. Le vice n'y est guère moins opposé à la mode qu'à la vertu. Pécher, c'est ne pas savoir vivre et choquer la bienséance autant que la religion. Il ne fallait autrefois qu'être méchant, il faut être de plus malhon-

(1) On peut appliquer à tous ces dévots ce qu'il écrit à Ninon, qu'on disait avoir renoncé à l'amour pour l'amitié : « Vous êtes née pour aimer toute votre vie. Les amants et les joueurs ont quelque chose de semblable. Qui a aimé aimera. Si l'on m'avait dit que vous êtes dévote, je l'aurais pu croire ; c'est passer d'une passion humaine à l'amour de Dieu et *donner à son âme de l'occupation.* Mais ne pas aimer est une espèce de néant qui ne peut convenir à votre cœur ». P. 225.

(2) *Corr.*, p. 245.

nête homme pour se damner en France présentement.
Ceux qui n'ont pas assez de considération pour l'autre
vie sont conduits au salut par les égards et les devoirs
de celle-ci » (1). Cette page est comme l'adieu ironique
de Saint-Évremond et des sceptiques anciens aux
dévots de la fin du grand règne, en attendant l'incrédulité plus hardie qui se prépare.

Je n'ai pas oublié la pièce la plus connue de Saint-
Évremond, *La conversation du maréchal d'Hocquincourt avec le P. Canaye;* mais il ne me paraît pas
certain qu'elle soit de lui (2). Voltaire la lui retire pour
la donner à Charleval, et s'il ne nous affirme pas qu'il
l'ait vue de ses yeux, touchée de ses mains, ni qu'il en
ait vérifié l'écriture, il nous dit que M. de Caumartin,
avec lequel il fut très lié, avait cette œuvre, tout entière
écrite de la main de Charleval, jusqu'à la petite dissertation finale sur le jansénisme et le molinisme (3).
Quoi qu'il en soit, il semble bien qu'il y a là plus qu'une
de ces traditions anonymes et toujours douteuses qui
infestent l'histoire. Ce qui, à mes yeux, donne une
extrême probabilité à cette information de Voltaire,
c'est que je ne reconnais pas la manière de Saint-
Évremond dans cet opuscule. Les variations du maréchal, successivement esprit fort ou tout au moins ami
des esprits forts, janséniste parce qu'il a été con-
trarié par un jésuite dans une entreprise folle, jésuite

(1) *Corr.*, p. 245-246.
(2) *Liste alphabétique des écrivains du siècle de Louis XIV*,
dans l'ouvrage qui porte ce titre.
(3) Ces derniers mots feraient supposer qu'il l'a lue.

parce que M™° de Montbazon qu'il aimait le *lanternait*
pour écouter le petit janséniste de Rancé, philosophe
et enfin croyant sans raison et contre toute raison, les
frayeurs du bon Père, ses airs pudibonds en apprenant
que le maréchal convoitait les faveurs de la duchesse,
les discours grotesques du jésuite et du maréchal, tout
cela forme un ensemble très amusant, où la plaisan-
terie est plus franche et plus vive, mais moins fine et
moins distinguée que celle de Saint-Évremond. On y
rencontre aussi des expressions et des locutions vul-
gaires et grossières : *fesser*, *lanterner*, un *bougre de
jésuite*, *que le diable m'emporte*, qui jurent avec la
langue délicate et un peu timide de notre bel esprit
philosophe. Mais que cette *Conversation* soit de Saint-
Évremond ou de Charleval, je crois qu'on en a exagéré la
portée. Elle n'a rien de commun avec la grande bataille théologique qui se livrait en ce moment et qui fut
l'occasion et non le sujet de ce petit écrit. Pas un mot
des questions qui agitaient tous les esprits. C'est une
gauloiserie pleine de verve et sans prétention, comme
celles de nos vieux trouvères, auxquels il arrivait
souvent de rire des choses qu'au fond ils respectaient.
Cependant, si l'on a pu dire avec quelque raison que
les moqueries des trouvères étaient sans conséquence,
il n'en est pas ainsi de celles de nos libertins. Elles
accusent, notamment dans l'œuvre que nous critiquons,
une liberté d'esprit plus qu'irrespectueuse. Quelques
paroles du maréchal et tous les discours du Père sont
des parodies des prêcheurs, de la prédication et par
contrecoup de ce qui en fait le sujet. D'Hocquincourt,
aussi ferré sur la philosophie que sur la théologie et

réciproquement, quoi qu'il crie : « Je ne l'ai que trop aimée la philosophie, je ne l'ai que trop aimée », nous donne cette preuve de sa compétence : « Un diable de philosophe m'avait tellement embrouillé la cervelle de *premiers parents*, de *pomme*, de *serpent*, de *paradis terrestre*, de *chérubins*, que j'étais sûr de ne rien croire ». Voilà, certes, une belle instruction philosophique. L'instruction religieuse qui en résulte est à l'avenant.

« Le diable m'emporte si je croyais rien. Depuis ce temps-là, je me ferais crucifier pour la religion. Ce n'est pas que j'y voie plus de raison, au contraire, moins que jamais. Mais je ne saurais que vous dire, je me ferais crucifier sans savoir pourquoi.

— Tant mieux, Monseigneur, reprit le Père d'un ton de nez fort dévot, tant mieux; ce ne sont pas mouvements humains, cela vient de Dieu. Point de raison ! c'est la religion, cela. Point de raison ! Que Dieu vous a fait, Monseigneur, une belle grâce ! *Estote sicut infantes*, soyez comme des enfants. Les enfants ont encore leur innocence, et pourquoi ? Parce qu'ils n'ont pas de raison. *Beati pauperes spiritu !* bienheureux les pauvres d'esprit ! Ils ne péchent point. La raison ? C'est qu'ils n'ont point de raison. *Point de raison; je ne saurais que vous dire, je ne sais pourquoi :* Les beaux mots ! Ils devraient être écrits en lettres d'or. *Ce n'est pas que j'y voie plus de raison; au contraire, moins que jamais.* En vérité, cela est divin pour ceux qui ont le goût des choses du ciel. Point de raison ! Que Dieu vous a fait, Monseigneur, une belle grâce ! »

Tous les petits sermons du Père, moins la brève explication sur le but des jésuites et des jansénistes, ont ce caractère de parodie et de vérité dans la parodie. Tandis que tous les grands docteurs de l'époque, Arnauld, Bossuet, Bourdaloue, même Pascal, malgré ses nombreuses pensées sceptiques, tendent à concilier la raison avec la foi, veulent par conséquent que la raison ne se démette et ne se soumette qu'après un mûr et sérieux examen, des prêcheurs indiscrets ne veulent, comme le P. Canaye, qu'une foi aveugle et emportée. Ce sont précisément ceux-là que le malin auteur de la *Conversation* met en scène et livre à la dérision, espérant bien qu'il rejaillira quelque chose de leur ridicule sur les autres et sur l'objet même de la théologie.

L'ancien libertinage s'était donc plutôt modéré dans la forme qu'il n'avait cessé. Il avait encore tant de partisans dans la société polie que les libraires demandaient avec empressement du Saint-Évremond, et qu'au besoin ils en faisaient fabriquer. Nous le voyons en effet, dans son petit traité *sur la morale d'Épicure* et dans une lettre à Ninon (1), se plaindre qu'on imprimât sous son nom beaucoup de choses bonnes ou mauvaises. « Il a, dit-il, assez de ses sottises sans se charger de celles des autres ». Saint-Évremond avait donc des collaborateurs connus ou inconnus dont les œuvres sont venues grossir les siennes, par exemple Sarrazin

---

(1) «... Si vous connaissez Barbin, faites-lui demander pourquoi il imprime tant de choses sous mon nom, qui ne sont pas de moi: J'ai assez de mes sottises sans me charger de celles des autres ». Ainsi, il proteste qu'il n'a jamais pensé à écrire contre le P. Bouhours, l'un des auteurs qu'il estime le plus et qui ont rendu le plus de services à notre langue (*Œuvres choisies*, par M. de Lescure, p. 115-116).

et Charleval, sans compter ceux qui écrivaient dans le même sens que lui, mais sous leur propre nom, comme Sorbière et Bernier, ces diminutifs de Gassendi, auxquels on peut joindre Des Coutures qui publia en 1685 une traduction en prose de Lucrèce avec des commentaires philosophiques, et Hesnault, qui mit en vers les trois premiers chants du *De natura rerum*, mais dont il ne reste que le début. Tous maintenaient et propageaient le scepticisme épicurien. Mais, à côté de cette propagande par les écrits, il faudrait pouvoir suivre la la propagande incessante et peut-être plus efficace par les salons où se réunissaient les amateurs de la société polie et de la conversation. Nous serons très bref sur ce point, faute de documents précis.

Il y eut au XVIIe siècle une femme célèbre par sa beauté et par son esprit, non moins que par ses longues galanteries, Ninon de Lenclos, qui joua à Paris un rôle analogue à celui d'Aspasie dans Athènes. « Ninon, lisons-nous dans Saint-Simon, eut des amis illustres de toutes sortes, et eut tant d'esprit qu'elle se les conserva tous et qu'elle les tint unis entre eux, ou pour le moins sans le moindre bruit : Tout se passait chez elle avec une décence extérieure que les plus hautes princesses soutiennent rarement avec des faiblesses. Elle eut de la sorte pour amis tout ce qu'il y avait de plus trié et de plus élevé à la cour, tellement qu'il devint à la mode d'être reçu chez elle, et qu'on avait raison de le désirer par les liaisons qui s'y formaient. Jamais ni jeu, ni ris élevés, ni disputes, ni propos de religion ou de gouvernement. Beaucoup d'esprit et fort orné, des nouvelles anciennes et modernes, des nouvelles de galanterie, et toutefois sans ouvrir la porte à la médisance; tout y était délicat, léger, mesuré et formait les conversations, qu'elle sut soutenir par son esprit et par ce qu'elle savait de faits de tout âge. La considération, chose étrange, qu'elle s'était acquise, le nombre et la distinction de ses amis et de ses connaissances continuèrent quand les charmes cessèrent de lui attirer du monde, quand la bienséance et la mode lui défendirent de ne plus mêler le corps avec l'esprit. Elle savait toutes les intrigues de l'ancienne et de la nouvelle Cour, sérieuses et autres, sa conversation était charmante; désintéressée, fidèle, secrète, sûre au dernier point, et, à la faiblesse près, on pouvait dire qu'elle était vertueuse et pleine de probité. Elle a souvent secouru ses amis d'argent et de crédit, est entrée pour eux dans des choses très importantes, a gardé très fidèlement des dépôts d'argent et des secrets considérables qui lui étaient confiés. Tout cela lui acquit de la réputation et une considération tout à fait singulière ». Il n'y a qu'une erreur dans ce morceau de Saint-Simon, mais elle est assez grave. Qu'on ne tînt pas de propos de gouvernement dans le salon de Ninon, cela est facile à croire : la police de Colbert, puis de La Reynie, puis de d'Argençon y eût mis bon ordre; et les amis de Ninon ne tenaient pas plus à être jetés à la Bastille, qu'elle-même à se voir claquemurer dans un couvent. Mais il est plus qu'invraisemblable qu'on s'abstînt dans ces réunions de tout propos de religion. Une pareille circonspection serait bien extraordinaire dans la vieille amie de Saint-Évremond, de Bernier, de Charleval et de tant d'autres esprits forts. Nous avons d'ailleurs à ce sujet un témoi-

gnage irrécusable. Ninon, qui avait débauché le mari
de Mme de Sévigné, fut un moment la maîtresse de son
fils, en attendant qu'elle donnât des leçons de bon air
à son petit-fils, le chevalier de Grignan. Or, il n'est pas
douteux qu'elle ait cherché à détruire les principes
religieux du marquis de Sévigné par ses insinuations
railleuses. « Qu'elle est donc dangereuse, cette Ninon,
s'écrie la mère. Si vous saviez comme elle dogmatise
sur la religion, cela vous ferait horreur. Son zèle pour
pervertir les jeunes gens est pareil à celui d'un certain
M. de Saint-Germain que nous avons vu une fois à
Livry. Elle trouve que votre frère a la simplicité de la
colombe et ressemble à sa mère. C'est Mme de Grignan
qui a tout le sel de la maison et qui n'est pas assez sotte
pour être dans cette docilité. Quelle corruption ! Quoi ?
Parce qu'elle vous trouve belle et spirituelle, elle veut
joindre à cela cette autre bonne qualité sans laquelle,
selon ses maximes, on ne peut être parfaite » (1).

J'admets volontiers que jamais Ninon, à aucune
époque de sa vie, n'a fait de discussion en règle, et
n'a dogmatisé sur la religion non plus que sur tout
autre sujet, ce qui eût paru de mauvais goût dans
des compagnies où l'on se réunit pour se divertir et
non pour s'endoctriner mutuellement. Elle devait
éviter, elle et ses amis, de se mêler inconsidérément
dans les controverses des jansénistes et des molinistes,
des catholiques et des calvinistes, de plaindre les mi-
sères imméritées de ceux-ci, si ce n'est en termes cou-
verts et furtifs, d'attaquer directement et de front toute

____

(1) Lettre 59.

croyance, toute pratique généralement reçue. Mais il y a un art de faire entendre ce que l'on veut dire par des demi-mots presque insignifiants, en les soulignant par le ton de la voix, par un regard, par un sourire, par un mouvement de tête, par tout l'air du visage et de la personne; et cette moquerie détournée, ce persifflage léger et qui affecte la naïveté a souvent plus d'efficacité que les plus solides raisons pour pénétrer dans l'esprit et pour saper doucement les principes de la foi, sans paraître y toucher. Or, il faudrait qu'entre la date où Ninon quitta Sévigné et celle où elle redevint Mlle de Lenclos, il se fût produit dans son tour d'esprit un changement vraiment prodigieux pour supposer qu'elle n'usât plus, avec ses amis jeunes ou vieux, des mêmes moyens de persuasion qu'elle employa avec le marquis. Son salon ne fut d'ailleurs, à aucune époque, une école d'orthodoxie et de piété, et elle était bien digne que l'abbé de Châteauneuf lui présentât son filleul Arouet, à peine sorti de l'enfance: il fera en grand et avec bruit, sous le nom de Voltaire, ce qu'elle faisait en petit et en silence.

Une autre société moins réservée en tout sens que celle de Mlle de Lenclos était celle de Vendôme et de son frère, le grand prieur, connue sous le nom de Société du Temple. Là se réunissaient La Fare, l'abbé Chaulieu, l'abbé Courtin et beaucoup d'autres épicuriens, abbés ou non, qui n'avaient d'autre religion que le plaisir. Non contents de pratiquer jusqu'à la débauche et au scandale leur morale facile et relâchée, ils la professaient hardiment avec ses conséquences les plus anti-chrétiennes. Comme Saint-Évremond, Chaulieu ne

reconnaît que le plaisir comme fin de nos actions.
Mais il y a entre eux une extrême différence. Le premier ne nie la morale du christianisme qu'implicitement, parce qu'il en admet une autre sans avoir l'air
de soupçonner qu'elles ne peuvent s'accorder ensemble,
que leur contrariété est telle que si l'une est vraie,
l'autre est nécessairement fausse, et par conséquent
qu'elles se détruisent réciproquement. Le second la nie
résolument, il la compare et l'oppose à celle d'Épicure
ou à la loi de la bonne nature, comme l'imposture à la
vérité. Il ne craint pas d'écrire, dans son épître sur la
mort, au marquis de La Fare :

> Plus j'approche du terme et moins je le redoute.
> Sur des principes sûrs mon esprit affermi,
> Content, persuadé, ne connaît plus le doute.
> Je ne suis libertin, ni dévot à demi.
> Exempt de préjugés, j'affronte l'imposture
>   Des vaines superstitions,
>   Et me ris des préventions
> De ces faibles esprits, dont la triste censure
>   Fait un crime à la créature
> De l'usage des biens que lui fit son auteur.

L'on ne peut pas dire précisément que Chaulieu
fût athée. Car il semble mêler dans le dernier vers je
ne sais quel déisme indécis à son horreur de la superstition. Mais il n'hésite jamais dans sa négation d'une
autre vie ou du moins des terreurs chimériques que
« l'on joint à la mort ». Les démons, les enfers ne sont,
comme les loups-garous, que des imaginations vaines,

qu'une faible nourrice imprime dans nos cœurs et dont
elle endort notre enfance (1). Ce qui peut étonner, c'est
que des vers de cette nature n'auraient pas probablement empêché Chaulieu d'entrer à l'Académie, si le roi
n'y eût mis son veto, non pas tant, il est vrai, à cause
de la témérité malsonnante du poëte, qu'à cause de sa
mauvaise administration des biens de Vendôme.

Inutile de rechercher s'il n'y avait pas d'autres
centres de réunion et de libertinage. Il y en avait certainement, quand ce ne serait que les cafés dont la
vogue commençait dès lors dans Paris, et dont l'influence sur l'opinion devait bientôt prendre un tel déve-
loppement sous la Régence. Ce qu'il serait plus impor-
tant de savoir, c'est l'état des esprits par rapport aux
choses religieuses dans les quinze ou vingt dernières
années de Louis XIV, c'est-à-dire quand les habitués du
Temple furent dispersés par la rupture, en 1699, de ce
que Saint-Simon appelle l'identité des Vendôme, et
que Ninon de L'Enclos qui avait vu mourir Charleval
en 1693, Saint-Évremond en 1703, allait disparaître elle-
même, 1706, avec la société assez mécréante qui lui était
restée fidèle jusqu'au bout. Rien ne semblait changé :
même uniformité de vie et même décence extérieure, à
la cour ; en réalité, tout était miné et sentait le ver-
moulu à l'intérieur. Jamais plus de dévotion et moins
de piété véritable ; l'hypocrisie pour toute règle de con-
duite ; les mêmes personnages, hommes et femmes,
dévots à Versailles, débauchés et plus que mauvais

(1) Deuxième épître à La Fare, analogue à la précédente sur
le même sujet.

croyants à Paris, où ils faisaient de fréquentes excursions pour échapper aux ennuis de la Cour. Enfin, comme cela arrive souvent dans les siècles éclairés qui dégénèrent, infiniment d'esprit et de lumières, et peu de principes solides, les lumières et l'esprit ne faisant que brouiller et affaiblir les principes.

Cette caducité morale et religieuse, à laquelle vient ajouter encore l'éternelle controverse des Jésuites et des Jansénistes, mal à propos ravivée par le zèle ignorant du roi et de sa vieille Égérie, on la sent et on la devine plus qu'on ne la saisit avec netteté, faute de documents précis et concluants. On pourrait espérer d'en trouver dans les Mémoires de Saint-Simon, qui parle si souvent des libertins de son époque. Mais ses informations ne portent que sur des faits trop particuliers qui n'ont vraiment d'importance que par leur nombre. Que conclure par exemple des gamineries irréligieuses de Courcillon ou des variations de M°° de Caylus revenant d'une vie austère, toute de pénitence, de prière et de bonnes œuvres pendant sa disgrâce, à ses anciennes galanteries et à la dérision des pratiques dévotes où elle se plaignait d'avoir perdu quatre ans de sa jeunesse? Que prouverait l'épicurisme de Phélippeaux, évêque de Lodève, avec ses maîtresses, ses bâtards et son athéisme qu'il ne prenait pas la peine de cacher ; ou la faconde libertine de La Feuillade, grand débiteur de maximes et de morales, impie d'effet et de profession? Quand on prolongerait ces énumérations: Noaille « toujours à la mode, dévot, débauché, mesuré, impie » ; Broglie, gendre du chancelier Voisin, se glissant parmi les roués par ses leçons d'athéisme; et pour finir par un membre de la petite cour de Saint-Germain, Middleton converti par une apparition du roi défunt, Jacques II, communiant, pratiquant, mais au fond « franc athée, si on peut l'être, ou du moins déiste » : on ne connaîtrait pas beaucoup mieux l'incrédulité qui couvait dans les hautes classes et les sources où elle était puisée. On voit bien que le libertinage, si modéré dans Saint-Évremond et dans ses amis, s'exaspérait de jour en jour davantage, à mesure qu'on approchait de la fin d'un règne qui paraissait bien long. Mais Saint-Simon se garde d'expliquer philosophiquement les termes épicurisme, cynisme, déisme, athéisme. On dirait que libertinage et bel air ne sont qu'une seule et même chose, ou que s'ils sont choses distinctes, c'est comme la conséquence et le principe. Plus philosophe, en apparence du moins, Saint-Évremond ne pénètre pas beaucoup plus avant : il sait seulement que le libertinage, tel qu'il l'entend et le pratique, suppose le bel air, mais a son origine dans le Gassendisme ou dans la philosophie d'Épicure, découronnée de sa théologie subversive. Mais il ne semble pas se douter que des incrédulités plus profondes et plus sérieuses sont en train de se greffer sur l'ancien scepticisme épicurien, pour former un scepticisme nouveau. C'est à peine s'il mentionne Hobbes et Spinosa comme promoteurs du libre examen en toutes choses, notamment en matière religieuse. Il ignore les travaux de Richard Simon; du moins, il n'en parle nulle part, que je sache. Il semble un peu plus explicite sur Bayle; il le défend même contre l'abbé Renaudot qui qualifiait son dictionnaire de pamphlet *in-folio.* Mais je ne sais vraiment s'il soupçonnait la portée de l'œuvre de notre réfugié, et ~~ pressentait que son scepticisme historique serait un des principaux facteurs du scepticisme qui pointait à l'horizon. Deux choses auraient dû lui ouvrir les yeux à ce sujet : d'abord, l'éclat que fit l'article *David* et, ensuite, le succès du Dictionnaire lui-même en France, où, lu évidemment par le semi-janséniste Boileau, ainsi que par le libertin La Fontaine, il était demandé par toute la jeunesse aux portes des bibliothèques, pour en avoir les prémices.

Mais, ainsi que l'indique le nom de Richard Simon que j'ai prononcé en passant, il est un autre facteur de l'incrédulité nouvelle, non moins considérable que le scepticisme historique de Bayle ; c'est la critique appliquée à l'interprétation des livres saints et à leur composition. Je n'oserais assurer que la critique de l'*Ancien Testament*, et du *Nouveau*, avec celle de leurs interprètes, fut beaucoup connue en France ; elle devait l'être pourtant de quelques magistrats studieux, et sans doute aussi de quelques curieux parmi les hommes et la jeunesse des classes qui avaient du loisir. Je n'en ai qu'un indice certain ; ce sont les deux chapitres xviii et xix que Bossuet ajouta en 1702 à la deuxième partie de son *Discours sur l'histoire universelle*. En voici quelques lignes.

Après avoir réfuté, à sa manière, les preuves avancées contre l'authenticité du Pentateuque, Bossuet ajoute : « A-t-on jamais jugé de l'autorité, je ne dis pas d'un livre divin, mais de quelque livre que ce soit, sur des raisons si légères ? Mais c'est que l'*Écriture* est un livre ennemi du genre humain ; il veut obliger les hom-

4

mes à soumettre leur esprit à Dieu et à réprimer leurs passions déréglées; il faut qu'il périsse et, à quelque prix que ce soit, il faut qu'il soit sacrifié au libertinage » (1). Les passions déréglées de Spinosa et même de Richard Simon ! Leur complaisance pour le libertinage ! Car c'est à l'auteur du *Traité théologico-politique* et à celui des deux *Critiques*, particulièrement à ce dernier, que s'adresse cette violente diatribe. Mais il ne s'agit pas de la justice ni de la justesse de l'imputation. N'est-il pas probable que Bossuet s'attaque à un ennemi présent, et que cet ennemi n'est pas seulement Richard Simon, mais ses admirateurs et ses partisans, et qu'ainsi le critique avait sur un certain nombre d'hommes instruits, et par contrecoup sur la société polie, une sourde influence qui irritait le grand évêque ?

Voilà donc, si je ne me trompe, les trois éléments, le scepticisme épicurien, le scepticisme historique et la critique sacrée, qui devaient entrer à doses inégales dans la formation du XVIII° siècle et qui déjà s'agitaient au sein de la société française. Tout cela était encore fort obscur, même quand Louis XIV mourut; c'est pourquoi l'on n'en découvre péniblement que quelques traces à travers de petits faits ramassés de côté et d'autre; mais tout cela vivait et se développait, quoique confusément et sans but déterminé, jusqu'à l'apparition de Montesquieu et de Voltaire.

Il nous faut maintenant retourner en arrière et reprendre sommairement un fait littéraire qui, sans

____

(1) Ch. XVIII, vers la fin.

rapport apparent avec la révolution irréligieuse qui se préparait, y tient de plus près qu'on ne serait disposé à le croire. Le libertinage, — continuons à appeler ainsi la libre pensée, — dont Fénelon et avant lui Bossuet croyaient entendre avec effroi le bruit sourd et le travail souterrain, n'osait point éclater ou, s'il paraissait quelque part, c'était plus dans la décomposition des mœurs que dans celle des croyances. La dévotion avec ses petites pratiques, que Mme de Maintenon avait mises à la mode, était partout répandue, tandis que l'incrédulité était dans les cœurs. On étouffait sous ce régime d'hypocrisie et de mensonge, et la liberté était disposée à profiter de toutes les ouvertures pour s'échapper. C'est ce qui explique le bruit qu'excita la vaine querelle des anciens et des modernes. N'osant attaquer l'autorité en religion et en politique, on l'attaqua avec acharnement en littérature, et ce qui ne semblait qu'une question académique devint une querelle, pour laquelle le public se passionna et prit feu, comme s'il y allait de la vie et de l'honneur de la nation.

Il n'est point de mon dessein ni de mon sujet de refaire l'histoire, si bien faite par Rigault, de cette guerre littéraire, plus longue que la guerre de Troie. Il nous suffit d'en indiquer sommairement les principales phases; après quoi il nous sera loisible de dégager quelques idées générales qui sont impliquées dans le débat et qui en font l'intérêt. Dès l'année 1635, un assez mauvais poète, Boisrobert, s'insurgea contre la supériorité des anciens, auxquels il accordait du génie, mais refusait le goût et la délicatesse; il allait même jusqu'à « comparer Homère aux chanteurs des carrefours, dont

les chants réjouissaient la canaille » (1). Desmarets de
Saint-Sorlin, contemporain de Boisrobert et comme
lui un des associés poétiques de Richelieu, reprit avec
plus de suite, d'étendue et d'acharnement le paradoxe
de son confrère, mais en y ajoutant une vue nouvelle
qui aurait pu devenir féconde, celle de la supériorité
de la poésie biblique et chrétienne sur la mythologie
et sur les auteurs qui l'ont chantée. Boileau et le vieux
Corneille prirent la défense de la fable et tout en resta
là : l'opinion publique ne s'émut aucunement des nouvelles idées de Desmarets, bonnes ou mauvaises, mises
d'ailleurs dans un assez pauvre style, et les laissa périr
dans la poussière qui dévora bientôt son *Clovis*, « ce
poème de la France », ainsi que sa *Marie-Madelaine*,
ce poème de je ne sais quoi.

Les furieuses attaques de Desmarets et ses cris re-
doublés de 1658 à 1675 contre les anciens, sans grande
efficacité apparente, ne furent que les préludes de la
grande bataille qui couva longtemps dans les esprits
avant d'éclater. Ce fut Perrault qui l'engagea douze
ans après la mort de Desmarets, et qui en soutint presque
tout le poids contre les érudits (Dacier, de Longepierre,
Francius) et contre Boileau. Le 27 janvier 1687, il lut
à l'Académie le poème intitulé *Le siècle de Louis le
Grand*, où il exaltait le siècle de Louis au détriment de
ceux de Périclès et d'Auguste. Les plus illustres partisans des anciens lui auraient peut-être passé sa
thèse générale, car ils n'avaient pas une admiration

____

(1) Singulier début de la question homérique. — Voir Rigault.
p. 84.

moins enthousiaste que Perrault pour le grand roi.
Mais l'audacieux raillait et insultait Platon, Aristote,
Hérodote et surtout Homère, le prince et le maître de
la poésie et de l'art antiques. Boileau n'y put tenir; il
sortit avant la fin de la séance, protestant et grondant
moins encore contre Perrault que contre l'Académie,
qui tolérait un pareil scandale et peut-être l'appuyait
de son approbation. La guerre était déclarée; mais les
hostilités se bornaient encore à des escarmouches insi-
gnifiantes, invectives furieuses et burlesques de quelques érudits ou épigrammes de Boileau. C'est sur ces
entrefaites que Fontenelle se glissa entre les combattants, sa *Digression sur les anciens* à la main. Heureux
de trouver un pareil secours, Perrault l'en remercia
par l'*Épître au génie* qu'il lui dédia et qu'il lut à l'Académie, comme il y avait lu son premier manifeste.

Les choses n'en pouvaient rester là : Perrault se dé-
cida à en appeler au public par ses dialogues intitulés :
Parallèles des anciens et des modernes, où il reprit et
développa le fonds d'idées, indiquées dans son *Siècle de
Louis Le Grand* et dans son *Épître au Génie*; et Boileau,
pressé par les partisans des anciens et par ses admirateurs, lui riposta par ses *Réflexions critiques sur Lon-
gin*. Au fond, l'œuvre du satirique n'est pas une réponse à l'argumentation du novateur, c'est un relevé
des ignorances, des erreurs, des légèretés hautaines et
cavalières de ses dialogues. Je ne signalerai qu'une
seule des réflexions de Boileau, la VII°, parce qu'elle
suffit pour anéantir toutes les critiques particulières de
Perrault contre les anciens. Il faut la lire tout entière;
je n'en extrais que quelques lignes. « Le gros des

hommes, dit Boileau, à la longue, ne se trompe point sur les ouvrages de l'esprit. Il n'est plus question, à l'heure qu'il est, de savoir si Homère, Platon, Cicéron, Virgile sont des hommes merveilleux; c'est une chose sans contestation, puisque vingt siècles en sont convenus; il s'agit de savoir en quoi consiste ce merveilleux qui les a fait admirer de tant de siècles... L'antiquité d'un écrivain n'est pas un titre certain de son mérite; mais l'antique et constante admiration qu'on a eue pour ses ouvrages est une marque sûre et infaillible qu'on les doit admirer ». Et pourquoi ? Qu'on me permette de rapprocher de ces citations quelques lignes d'une lettre à Brossette, et je crois que la réponse sortira de ce rapprochement. « C'est tout dire, écrit Boileau, qu'on y opine du bonnet (à l'Académie) contre Homère et contre Virgile, et surtout contre le bon sens comme contre un ancien, beaucoup plus ancien qu'Homère et Virgile » (1). Si donc les œuvres d'Homère, de Virgile, de Platon, de Cicéron et de Démosthène sont

(1) Descartes, dans un tou' autre but, se sert d'idées analogues. Se défendant d'avoir innové dans son système, il soutient que ce système est plus ancien que la philosophie de l'école, tant dans ses principes que dans ses conséquences. Dans ses principes, car il n'a fait usage que de principes universellement reçus lorsque la philosophie d'Aristote a paru; dans ses conséquences, car, si elles sont vraiment démontrées, elles sont aussi innées que les principes et comme eux gravées par la nature dans nos âmes. — Idées analogues à la fin du premier chapitre des *Pensées* (anciennes éditions)... Et quelque force enfin qu'ait cette antiquité, la vérité doit toujours avoir l'avantage, quoique nouvellement découverte, puisqu'elle est toujours plus ancienne que les opinions qu'on en a eues.

en possession de l'admiration universelle, c'est qu'elles
sont conformes au bon sens, à la raison (1), au vrai (2).

Je ne m'arrêterai pas plus à l'analyse des *Parallèles*
qu'à celle des *Réflexions critiques*. Ce qui nous choque
le plus dans les dialogues de Perrault, et ce qui explique
son absolue cécité sur la littérature hellénique en général et sur les poésies homériques en particulier, ce
n'est pas seulement son ignorance du grec et les nombreux contre-sens qui en proviennent; c'est encore et
surtout son incapacité de se détacher des mœurs polies
et en partie artificielles de son temps. Il a beau mentionner les conjectures, alors inédites, de l'abbé d'Au-
bignac sur la personnalité d'Homère, et par conséquent
sur la composition singulière de ses poèmes, en ajoutant qu'on travaille en Allemagne sur le même sujet.
Cette vue n'est pour lui qu'une machine de guerre et
ne lui dit rien. Il ne peut se représenter le vieil aède
que sous la figure d'un écrivain de cabinet, méditant,
compulsant ses auteurs et composant, versifiant selon
les règles de la poétique. Il est donc choqué de ses fréquentes répétitions, de la multiplicité de ses particules,
des épithètes qui reviennent sans cesse accrochées au
nom de ses héros. Il l'est surtout de la simplicité de
ses personnages, qui ne lui paraît que barbarie et gros-
sièreté. On ne voyait pas de son temps des princesses
lavant leur linge et celui de leur famille à la fontaine,
des chefs de guerre tuant et faisant rôtir les animaux
qui devaient leur servir de nourriture, un vieux roi

(1) Aimez-donc la raison...
(2) Rien n'est beau que le vrai; le vrai seul est aimable.

mettant du fumier sur ses terres, etc. Mais cela fait-il que Nausicaa manque de grâce et de vérité, qu'Achille ne soit pas un héros, que Laerte n'ait pas de majesté (1)? En vérité, Perrault méritait bien cette rude apostrophe de Huet, qu'il avait consulté sur ses parallèles. « Méprisez-vous les tableaux des grands maîtres, parce qu'on n'y voit point de brandebourgs, ni de barbes à la royale, ni d'audaces aux chapeaux, ni de falbalas aux jupes des dames. Mais alors vous prenez votre siècle et votre nature pour les règles du bien et du bon ».

C'est au moment où la dispute entre les deux adversaires paraissait devenir plus aigre qu'elle cessa tout à coup, assoupie plutôt qu'éteinte, par l'intervention du grand Arnauld. Elle ne recommença que 19 ans plus tard, en 1713. Je ne fais qu'indiquer cette troisième période de la querelle, où brillèrent, au premier rang, Mᵐᵉ Dacier pour les anciens et Lamotte-Houdard pour les modernes. Nommons encore Terrasson. Le débat perdait de plus en plus de son intérêt durable, parce qu'il allait de plus en plus se rétrécissant et s'abaissant. Il se concentra presque tout entier non pas sur la ques-

____

(1) Perrault voyait plus juste lorsque, à propos de la cohabitation de Thérasie et de Saint-Paulin qui pouvait donner lieu à de mauvaises plaisanteries, il refusait de la supprimer de son poème. « La règle, disait-il à ce propos, qui veut qu'on se conforme aux mœurs du siècle où l'on vit, en retranchant ou déguisant celles qui y sont contraires, est très bonne pour les pièces de théâtre; il n'en est pas de même pour les autres ouvrages qui sont d'autant plus agréables que les événements, les coutumes et les usages du temps qu'ils représentent sont plus différents des nôtres ». Baillet, *Jugement des savants*, t. IV, partie II, p. 598.

tion homérique qui était à peine née et qui n'a d'importance, vers cette date, que dans Vico alors inconnu, mais sur la question secondaire des perfections ou des défauts d'Homère. Il cessa en 1716 par la réconciliation de M™° Dacier et de Lamotte, sous les auspices de Valincour.

Mais les libertins ? Que font-ils dans tout cela ? Certes, je n'entends pas ranger les principaux chefs des modernes parmi les esprits forts. Je sais que le promoteur de tout ce tumulte littéraire fut un fanatique et un visionnaire qui, en attaquant les anciens, prétendait faire une sorte de croisade en l'honneur des lettres chrétiennes et pour la plus grande gloire de Dieu et de son propre génie. Et je n'oublie pas que Perrault était un bon croyant et qu'il fait, par la bouche de l'abbé de ses *Parallèles*, cette profession de foi qui n'est pas un simple coup de chapeau à la religion : « A l'égard des livres sacrés, j'ai une retenue, un respect et une vénération qui n'ont pas de bornes, et de là vient, sans doute, que j'en ai moins pour les anciens auteurs profanes. La grande soumission où je tiens mon esprit pour les ouvrages inspirés de Dieu, le souci que j'ai de le faire renoncer sans cesse à ses propres lumières et de le ranger sous le joug de la foi, lui donne ensuite toute liberté de penser et de juger ce qu'il lui plaît de ces grands auteurs, dont vous dites qu'il est si dangereux d'oser décider par soi-même » (1). Très bien. Mais les intentions ne sont rien et les desseins de l'homme tour-

(1) *Parallèles* t. I, p. 42.

nent souvent contre son gré, et réussissent en bien ou en mal selon le milieu où ils tombent. En s'insurgeant contre la tradition classique, Perrault ne s'apercevait pas que ses coups pouvaient porter plus loin; qu'il ébranlait, s'il ne détruisait point, l'esprit même de tradition. Certes, il obéissait plus à son tempérament qu'à la prudence dans cette levée de boucliers. Doué d'aptitudes diverses, entreprenant, remuant et hardi plus qu'original, ne doutant de rien dans les lettres par suite d'une ignorance présomptueuse, il se plaisait à renverser les opinions les plus reçues et les réputations les mieux établies, sans se soucier beaucoup et sans même soupçonner, si ces ruines littéraires n'en appelleraient pas de plus graves dans un autre domaine. Les différentes sortes d'autorité s'étaient si bien enchevêtrées que qui touchait à l'une mettait les autres en péril et ébranlait toutes les colonnes du Temple. Si Perrault n'avait pas tellement abondé dans son sens et qu'il n'eût pas été emporté par la chaleur de la lutte, il aurait pu reconnaître le danger de son entreprise à la nature seule de ses alliés. Quel est le premier écrivain qui lui prêta le secours de sa plume ? C'est Fontenelle, le plus sceptique peut-être des sceptiques, et qu'il faut être aveugle pour ne pas reconnaître comme tel dans ses *Dialogues des morts*. Et après Fontenelle, parmi les auteurs connus, c'est Saint-Évremond, qu'il ne faut pas séparer de sa vieille amie Ninon de Lenclos. Sans méconnaître les grandes qualités des anciens, surtout des latins, Saint-Évremond montre un goût décidé pour les modernes, par le soin et la diligence qu'il met à résumer les arguments les plus apparents de Saint-

Sorlin et de Perrault (1). Quant à Ninon, elle ne parle qu'assez obscurément (2) dans un passage de sa correspondance de la querelle qui divisait les lettrés, mais il n'est pas douteux qu'elle partageât l'opinion de son ami, avec plus de penchant encore pour les modernes. Or, Ninon, c'est tout un petit monde à l'esprit très éveillé et à la langue fort libre; et qui a Ninon pour soi est sûr d'avoir aussi pour soi la plupart de ses amis. Je ne connais dans le camp des libertins que l'abbé de Chaulieu, qui tint pour l'antiquité. Autres alliés plus compromettants encore que les libertins et dont le suffrage aurait dû faire réfléchir Perrault; je veux parler de nos écrivains réfugiés qui presque tous, Basnage et Bayle entre autres, sans entrer bien avant dans la querelle, se montrèrent favorables aux novateurs. N'était-ce pas leur cause, c'est-à-dire celle du libre examen, qui se plaidait dans la question secondaire soulevée par l'auteur des *Parallèles?* L'*assemble-nues*, comme Bayle se qualifiait lui-même, et les écrivains de sa communion, étaient bien aises de voir leurs ennemis religieux se déchirer dans une sorte de guerre civile et de les pousser les uns contre les autres. C'est ce que Per-

(1) Rigault les a placés dans une conversation spirituelle qu'il prête à Saint-Évremond, mais qu'il a sans doute composée lui-même de morceaux rapportés.

(2) « Je fais, écrit-elle à Saint-Évremond, de vieux contes où M. d'Elbène, M. de Charleval et le chevalier de Rivière réjouissent les modernes. Vous avez part aux bons endroits; mais, comme vous êtes moderne aussi, j'observe de ne vous pas louer devant les académiciens qui se sont déclarés pour les anciens » (*Œuvres choisies de Saint-Évremond*, Lescure, p. 228.

rault ne sentit pas lorsqu'il cita triomphalement le
fragment d'une lettre de Bayle où on lit : « Je suis tout
à fait du sentiment de M. Perrault, et je remarque que
ses adversaires ne se défendent jamais par des raisons :
ils ne font que déclamer et ne viennent jamais au fait.
Ses *Parallèles* ont été réimprimés à Amsterdam
depuis quelques mois et plaisent beaucoup à nos curieux. Sa lettre à M. Boileau est tout à fait judicieuse
et polie ».

Quoi qu'il en soit, c'est dans les esprits qui, d'une
manière ou d'une autre, n'aimaient pas l'autorité et qui
faisaient profession d'indépendance, que les nouvelles
idées trouvèrent le plus d'appui et comptèrent le plus
de partisans (1) ; et l'on ne doit pas s'étonner de cette
déclaration de l'abbé Terrasson, que c'est à Perrault
et à Lamotte qu'on doit l'émancipation de l'esprit humain : éloge excessif sans doute, mais qui a quelque
vérité. S'ils ne sont pas plus grands philosophes que
grands orateurs et grands poètes, en dépit de notre
abbé philosophe qui leur décerne libéralement ces
titres, ils ont du moins contribué, on ne saurait le nier,

(1) Le *modernisme* des Jésuites ne serait contraire à cette
conclusion que s'il était réel, ce qui n'est nullement prouvé.
Rigault a beaucoup exagéré ce point. Dans la première période
de la querelle, celle de Desmarets, la société est pour les anciens par ses poètes latins, Commire, Rapin, La Rue. Dans la
seconde, on ne saurait dire quelle est l'opinion de Bouhours,
et le journal de Trévoux est ennemi de Boileau plutôt que des
anciens. Dans la troisième, enfin, Sanadon et Porée couvrent
Lamotte de fleurs. Mais ni les uns, ni les autres ne donnent de
raisons.

à former les écrivains du XVIII° siècle, à leur ouvrir
les voies de la liberté, témoin Terrasson lui-même et
les mots de philosophie, de raison, d'affranchissement
de l'esprit humain, de progrès et de perfectionnement,
qui reviennent sans cesse dans ses écrits.

D'ailleurs, Fontenelle, Perrault et après eux Terrasson, introduisirent dans le débat des considérations
philosophiques qui ne devaient pas déplaire aux libres
esprits de leur temps et qui les confirmaient dans leurs
doutes et dans leur incrédulité, s'ils avaient du penchant à rejeter toute autre autorité que celle de la raison. Au lieu de se perdre dans des chicanes sur Homère
et sur Pindare (et ils n'ont que trop donné dans cette
sorte de critiques), ils opposèrent résolûment l'esprit
humain dans l'antiquité à l'esprit humain dans les
temps modernes, et proclamèrent la supériorité nécessaire de celui-ci au nom de deux principes tout philosophiques, la permanence des forces et des lois de la
nature et la perfectibilité de la raison ou de la science.
C'est la partie la plus intéressante pour nous et la plus
durable de leur œuvre.

Mais le premier de ces principes, qui s'étale complaisamment dans le *Siècle de Louis le Grand*, dans
l'*Épître au Génie*, dans les *Parallèles*, dans la *Digression sur les anciens et sur les modernes*, en un mot
dans tous les écrits des novateurs, est tellement général
qu'on voit mal ce que les modernes en ont tiré pour
l'objet particulier qu'ils se proposaient. La seule conclusion qu'ils en ont déduite, c'est qu'il n'y a pas de
raison pour que les hommes d'aujourd'hui ne soient
pas égaux à ceux d'autrefois, et qu'il y en a, au contraire,

beaucoup pour qu'ils le soient, et même pour qu'ils les dépassent. Car ils ne leur peuvent être égaux qu'en leur devenant supérieurs (1). Le second principe, au contraire, fut fécond en conséquences vraies, spécieuses ou fausses. Fontenelle, qui le transporta le premier dans la dispute des anciens et des modernes, le renferma d'abord dans de justes limites. L'empruntant à Malebranche, sans doute qui le tenait de Bacon par l'intermédiaire de quelque cartésien antérieur ou de Pascal, il ne l'appliquait guère, comme ces savants, qu'aux connaissances scientifiques qui sont son véritable domaine. « Cependant, écrit-il, afin que les modernes puissent toujours enchérir sur les anciens, il faut que les choses soient d'une espèce à le permettre. L'éloquence et la poésie ne demandent qu'un certain nombre de vues assez borné par rapport à d'autres arts, et elles dépendent principalement de la vivacité de l'imagination. Or, les hommes peuvent avoir amassé en peu de siècles un petit nombre de vues, et la vivacité de l'imagination n'a pas besoin d'une longue suite d'expériences, ni d'une grande quantité de règles pour avoir toute la perfection dont elle est capable. Mais la physique, la médecine, les mathématiques sont composées d'un nombre infini de vues et dépendent de la justesse du raisonnement, qui se perfectionne avec une extrême

____

(1) Fontenelle, t. V, p. 288 : « Ainsi étant éclairés par les vues des anciens et par leurs fautes mêmes, il n'est pas étonnant que nous les surpassions. Pour ne faire que les égaler, il faudrait que nous fussions d'une nature fort inférieure à la leur : il faudrait presque que nous ne fussions pas hommes aussi bien qu'eux ». *Digression* sur les anciens et les modernes.

lenteur et se perfectionne toujours; il faut même souvent qu'elles soient aidées par des expériences que le hasard seul fait naître et qu'il n'amène pas à point nommé. Il est évident que tout cela n'a point de fin et que les derniers physiciens ou mathématiciens devront naturellement être les plus habiles ».

Voilà donc la question nettement posée; mais elle n'est que posée, et c'est Perrault qui la développera dans ses *Parallèles* et qui, en la développant, ne tardera pas à la fausser. Tant qu'il parle des sciences proprement dites, des mathématiques pures ou appliquées, de la physique ou expérimentale ou rationnelle, avec les sciences plus spéciales qui s'y rattachent, on peut trouver que ses explications sont assez superficielles, mais elles paraissent le plus souvent incontestables. Sa pensée commence à dévier lorsqu'il passe des sciences aux beaux-arts. Il entrevoit, mais il démêle mal ce que la science peut prêter à l'art, et de ce qu'un artiste connaît mieux ou l'acoustique ou la géométrie appliquée à la coupe des pierres, il en conclut ou il donne à entendre que cet artiste est meilleur musicien, meilleur architecte, etc., que celui qui n'a pas ces connaissances, ou au moins que l'œuvre du premier est plus parfaite que celle du second. Ce qui n'est rien moins que démontré. Je veux bien croire que Claude Perrault, frère de notre lettré, savait plus de mathématiques, de physique et d'histoire naturelle que Phidias. S'ensuit-il que la colonade du Louvre soit supérieure à ce qu'était le fronton du Parthénon? Les considérations de Perrault sur les arts étaient nouvelles, et quelque confuses encore et superficielles qu'elles puissent paraître, elles déconcertèrent quelque peu ses adversaires qui n'y répondirent pas ; elles ont pourtant plus d'apparence que de solidité. Celles qu'il consacre aux lettres, pour immoler la poésie et l'éloquence antique aux productions modernes, ne sont même plus spécieuses, tant l'abbé des *Parallèles* se permet et le président lui passe d'impertinences et d'énormités! En vain, Fontenelle avait averti Perrault dans sa *Digression* de ne pas trop confondre la cause des sciences avec celle des belles-lettres et de ne pas appliquer également aux unes et aux autres le principe du progrès. Entraîné par la logique et par son mauvais goût, il alla donner à toutes voiles sur l'écueil que son ami lui avait signalé. Il faut donc que, *vi formulæ*, les anciens les plus renommés soient inférieurs aux modernes et qu'un Homère et un Virgile aient à compter avec l'auteur de la *Pucelle* ou avec l'auteur du *Clovis:* leur date seule les juge.

Il ne faut pas croire que les contre-sens, les aberrations et les excès de Perrault lui fissent tort, à lui et à son principe, devant le public. Les sottises qu'il prêtait plaisamment à Homère, à Pindare ou à tout autre Grec ou Latin, amusaient les jeunes gens, les dames et certains académiciens, de sorte que les plaisanteries plus ou moins bonnes de l'abbé et du chevalier des *Parallèles,* au lieu de décrier le principe philosophique d'où elles semblent partir, le faisaient entrer dans les esprits et le populuarisaient par l'agrément. C'est ainsi que l'idée de progrès mise en honneur par Bacon, puis par Descartes, Pascal, Malebranche, mais sans sortir de la spéculation pure, se glissa peu à peu dans l'opinion publique, grâce à la querelle des anciens et des modernes, et qu'elle traversa tout le XVIIIᵉ siècle jusqu'à la Révolution française. Négligée par Lamotte, elle reparut dans l'abbé Terrasson qui l'exagéra au point de prétendre que l'esprit humain acquiert sans cesse, sans jamais rien perdre. Mais quelque géométrique que fut son esprit, il laissa dans son système une lacune qui est une vraie contradiction. Comme Fontenelle, comme Perrault, il admettait dix siècles d'ignorance et de barbarie entre la chute de l'Empire romain et la Renaissance. Un grand admirateur de Perrault, de Fontenelle et de Lamotte, Marivaux leva cette difficulté. Usant ingénieusement de la distinction de l'œuvre et de l'ouvrier plus d'une fois énoncée par ses devanciers, il soutint que ce qui avait manqué aux grands hommes du moyen âge, ce n'était ni la capacité naturelle (quel esprit est plus grand que saint Thomas), ni les idées (ils avaient recueilli tout l'héritage de l'antiquité), mais le goût et la méthode (1). Turgot, mais pour d'autres raisons, apporta aux mêmes spéculations un amendement analogue et fit rentrer dix siècles de notre histoire dans le mouvement progressif de l'humanité. Je ne doute pas que ce ne soit de ses mains que Condorcet reçut l'idée du progrès, mais en l'amplifiant et en la gâtant par des rêves chimériques.

Ce qu'il y a de singulier, c'est qu'une idée si naturelle et en même temps si flatteuse pour l'esprit humain paraisse à peine dans les plus grands écrivains du XVIIIᵉ siècle, où cet orgueil est porté à l'extrême. Elle

(1) Marivaux, Œuvres, t. XII. *Le Miroir*, p. 60 et 79.

est cependant partout présente au fond de ce siècle, sinon comme doctrine, du moins comme stimulant et comme aiguillon. C'est elle qui anime et soutient intérieurement leur confiance dans la guerre sans repos qu'ils entreprennent contre le passé. C'est elle qui dirige leurs coups contre les préjugés et les abus de toute sorte. Car à quoi bon s'agiter, se travailler, s'exposer à la haine des puissants, si l'on n'espère explicitement ou implicitement améliorer la condition des hommes en diminuant l'erreur, en dénonçant l'injustice, en répandant des lumières toujours plus vives qui étendent notre empire sur la nature et, s'il est possible, sur nous mêmes? C'est parce qu'ils étaient sourdement poussés par l'idée du progrès que les hommes du XVIII° siècle n'ont pas manqué à leur tâche. C'est parce que l'intelligence ou plutôt le sentiment de cette idée s'est affaibli en nous, quoiqu'on en parle plus que jamais, que notre société défaillante est si dépourvue de ressort. En jetant dans la querelle des anciens et des modernes l'idée du progrès, Fontenelle, Perrault, Terrasson, avaient ouvert le champ à des espérances et à des ambitions infinies, en même temps que leurs attaques contre ce que la tradition littéraire avait de plus sacré, ravivaient ou plutôt portaient sur d'autres objets le doute et la manie de disputer: même les paradoxes de Lamotte Houdard sur la poésie, sur la versification, sur les trois unités tragiques, sur les avantages de la prose, nourrissaient l'esprit de libre examen, qui n'était pas encore l'esprit de réforme et de révolution, si ce n'était peut-être dans la tête utopique de l'abbé de Saint-Pierre, mais qui

pouvait et allait peu à peu le devenir. Évidemment, il
se préparait, il se faisait même déjà, dès le dernier
quart du XVII° siècle, une transformation de l'esprit
français. Il suffit, pour s'en convaincre, de parcourir
les écrits polémiques de Perrault et de Lamotte, où
l'idée et le sentiment religieux tiennent si peu de place.
La pensée laïque ou profane, comme on voudra l'appeler, gagne du terrain. Mme Lambert, amie de Lamotte
et de Fontenelle, est une pieuse dame, mais elle l'est
à sa manière, et la plupart des conseils qu'elle donne à
son fils et à sa fille conviennent aussi bien à toute
mère qu'à une mère chrétienne (1). Les prédicateurs
mêmes, comme s'en plaint Bossuet dans les *Mémoires*
de l'abbé Ledieu, négligeaient le dogme, les mystères,
les faits historiques qui servent de preuves à la religion,
c'est-à-dire l'essentiel de la prédication, pour des por-
traits finement esquissés et pour de piquantes observations morales (2). Mais, au lieu de recueillir de côté et
d'autre les symptômes de cette lente transformation, il
vaut mieux dessiner le rôle de l'écrivain qui y eut la
principale part.

Né en 1657 et mort en 1757, à cent ans moins un
mois, Fontenelle eut la singulière fortune d'appartenir
aux deux siècles les plus mémorables des lettres fran-
çaises, et d'exercer sur l'un et sur l'autre une influence

---

(1) Fénelon, tout en louant ces conseils, fait une réserve
expresse au sujet des pensées, en effet très peu chrétiennes, de
l'auteur sur l'ambition ou sur la passion de s'élever, qu'elle re-
commande à son fils.

(2) Cela ne s'appliquait-il qu'à des imitateurs indiscrets de
Bourdaloue et n'atteignait-il pas Bourdaloue lui-même ?

considérable. Quoiqu'il ait obtenu rapidement, grâce à sa parenté avec les Corneille et au goût des salons pour la conversation et le bel esprit, une sorte de réputation équivoque, cela n'alla point sans des contradictions violentes. On connaît la sortie de La Bruyère, je la citerai pourtant en grande partie. « Après avoir toussé, relevé sa manchette, étendu la main et ouvert les doigts, Cydias débite gravement ses pensées quintessenciées et ses raisonnements sophistiqués. Différent de ceux qui, convenant des principes et connaissant la raison ou la vérité qui est une, s'arrachent la parole l'un à l'autre pour s'accorder sur leurs sentiments, il n'ouvre la bouche que pour contredire. Il me semble, dit-il gracieusement, que *c'est tout le contraire de ce que vous dites, ou je ne saurais être de votre opinion, ou ça été autrefois mon entêtement, comme il est le vôtre, mais il y a trois choses à considérer*, et il en ajoute une quatrième : fade discoureur, qui n'a pas plus tôt mis le pied dans une assemblée, qu'il cherche quelque femme auprès de qui il pourra s'insinuer, se parer de son bel esprit ou de sa philosophie et mettre en œuvre ses rares conceptions. Car, soit qu'il parle ou qu'il écrive, il ne doit pas être soupçonné d'avoir en vue ni le faux, ni le vrai, ni le raisonnable, ni le ridicule; il évite uniquement de donner dans le sens des autres et d'être de l'avis de quelqu'un; aussi attend-il dans un cercle que chacun se soit expliqué sur le sujet qui s'est offert ou qu'il a amené lui-même, pour dire dogmatiquement des choses nouvelles, mais à son gré décisives et sans réplique ».

La Bruyère dit encore (ce qui est précieux pour fixer

approximativement la date du portrait de Cydias) : « Il s'égale à Lucien et à Sénèque, se met au-dessus de Platon, de Virgile et de Théocrite; et son flatteur a soin de le confirmer tous les matins dans cette opinion. Uni de goût et d'intérêt avec les contempteurs d'Homère, il attend probablement que les hommes détrompés lui préfèrent les poètes modernes (lui en tête naturellement). C'est en un mot un composé du pédant et du précieux, fait pour être admiré de la bourgeoisie et de la province, en qui on n'aperçoit rien de grand que l'opinion qu'il a de lui-même ». Voilà un homme bien drapé; et si l'on jugeait Fontenelle par le portrait de Cydias ou par l'épigramme de Jean-Baptiste sur le vieux berger normand (1), on pourrait croire qu'il n'était qu'un sot bien ridicule et sans aucune probité d'esprit; et cependant ce sot était déjà un des hommes les plus distingués de son temps, et ce fade discoureur sans conviction, qui ne sait que contredire, n'avait qu'un tort, celui d'une trop grande pénétration et de trop de vues, qu'il se croyait obligé de dissimuler sous l'apparence de la frivolité et du paradoxe. Si La Bruyère, qui

(1)   Depuis trente ans, un vieux berger normand
      Aux beaux esprits s'est donné pour modèle;
      Il leur enseigne à traiter galamment
      Les grands sujets en style de ruelle.
      Ce n'est le tout : chez l'espèce femelle,
      Il brille encor malgré son poil grison.
      Il n'est caillette, en honnête maison,
      Qui ne se pâme à sa douce faconde.
      En vérité, caillettes ont raison :
      C'est le pédant le plus joli du monde.

se piquait de philosophie, n'eût pas été aveuglé par les passions littéraires et peut-être aussi par le souvenir de n'avoir pu obtenir le vote de Fontenelle et de ses amis pour entrer à l'Académie, il avait trop d'esprit pour ne pas découvrir facilement, sous ce composé du pédant et du précieux, une des intelligences les plus rares et les plus philosophiques qui fussent alors. Car Fontenelle était déjà un personnage dans les lettres, et avait publié ses principaux écrits en prose, *Dialogues des morts*, *Dissertations sur les oracles*, *Digression sur les anciens et les modernes*, *Pluralité des mondes :* ce sont les seuls dont nous ayons à nous occuper, en y ajoutant l'*Histoire de l'Académie des Sciences* et les *Éloges des savants*, ouvrages commencés en 1699, c'est-à-dire postérieurs à la mort de l'auteur des *Caractères*.

Les *Dialogues des morts* sont restés en disgrâce auprès de la plupart des critiques. C'est pourtant une des œuvres qui font le mieux connaître Fontenelle tout entier. Il est vrai qu'on se sent agacé de son affectation quelque peu puérile de mettre en présence les personnages les plus disparates, Auguste et Arétin, Sénèque et Scarron, Apicius et Galilée, etc., et de faire battre le plus grave par le moins sérieux, Aristote par Anacréon, Alexandre par Phryné, Brutus par Faustine. Cela choque nos idées et trop souvent le bon sens. J'ajoute, ce que je n'ai vu remarquer par personne, que Fontenelle a composé trop de dialogues et surtout de dialogues de femmes : ce qui le fait manquer à sa promesse de son épître-préface à Lucien : « J'ai tâché de vous imiter dans la fin que vous vous étiez proposée. Tous vos dialogues renferment leur morale, et j'ai fait moraliser tous mes morts ». Car des dialogues des morts, pour être naturels, doivent rouler sur un petit nombre d'idées, et par conséquent être eux-mêmes assez peu nombreux ; et, d'un autre côté, des dialogues de femmes, n'ayant nécessairement pour sujet que l'amour ou la métaphysique de l'amour, aboutissent par une pente presque fatale à des conclusions assez minces ou alambiquées qui sont parfois presque inintelligibles. Eh bien ! malgré ces défauts et d'autres qu'on pourrait relever, je ne puis croire que les dialogues des morts ne fussent pour Fontenelle qu'un pur jeu d'esprit sans portée, ni admettre que l'auteur n'avait aucune intention sérieuse en les composant.

Supposons, en effet, qu'il y avait déjà au fond de l'esprit si prudent et si discret de Fontenelle quelque chose du scepticisme de Voltaire, et que, comme le veut Vinet, il ait été sans passion et sans verve, tout (1) ce que Voltaire a été passionnément et avec éloquence, les choses changent de face, et la frivolité paradoxale des dialogues pourrait bien n'être qu'un voile jeté sur une pensée hardie qui a besoin de se cacher pour se produire à demi. Quand même le tempérament de Fontenelle aurait été moins circonspect et plus ardent, les circonstances ne lui auraient pas permis de dire sérieusement et nettement ce qu'il pouvait avoir sur le cœur. Le XVII° siècle était essentiellement dogmatique, il acceptait à peu près sans contrôle, admettait à peu près sans réserve tout ce qui

(1) Ce *tout* est excessif et me paraît de trop.

lui venait de la double antiquité, profane et chrétienne,
et par suite n'avait qu'un respect très médiocre pour
tout ce qui contrariait ses idées traditionnelles et son
goût. Or, le fonds de la philosophie de Fontenelle,
qu'il n'exposa nulle part, mais qui est partout dans
ses ouvrages, comme dans sa vie, c'est le *nihil admi-
rari* des Épicuriens, qui n'est pas précisément le
scepticisme, mais qui y confine. Fontenelle affirme peu
de chose, mais il se garde de rien nier. Tranquille et
indifférent pour tout ce qui excite les passions des
hommes, ce qu'il évite le plus, c'est de s'en faire accroire à lui-même et d'en faire accroire aux autres, ou
bien de les détromper violemment. Il semble persuadé,
ou du moins il agit comme s'il était persuadé, que tout
est possible et que tout le monde a raison. Je ne lui
reprocherai pas, avec Vinet, de n'avoir pas confiance à
l'autorité du témoignage et de considérer l'histoire
comme une longue fable convenue, ni de respecter
assez peu l'autorité du sentiment et par conséquent les
opinions morales courantes, parce qu'elles lui semblent
venir du sentiment et de l'imagination ; car ce reproche
retombe sur tous les cartésiens et même sur tous les
philosophes du XVII° siècle, au moins spéculativement.
Ce qui est vrai, c'est qu'il a horreur, si ce mot n'est
pas trop fort pour son froid tempérament, de tout
dogmatisme dans l'ordre des choses morales ; et ce qu'il
disait des philosophes du XVIII° siècle vers la fin de
sa vie : « je suis effrayé de l'horrible certitude que je
vois partout aujourd'hui », il a dû se le dire plus d'une
fois de ses contemporains du XVII°. Mais attaquer de
front le dogmatisme au moment où il travaillait si ac-

tivement à la révocation de l'édit de Nantes, c'était se perdre de gaité de cœur, et Fontenelle n'était pas homme à se sacrifier pour des opinions. Il aima mieux badiner aux dépens de tout ce qui faisait l'admiration de la plupart des hommes : le badinage paraît sans conséquence; on s'en défie peu; on ne le persécute pas et l'on ne songe pas même à le persécuter, parce qu'on se croirait un sot ou qu'on craindrait de paraître un sot de le faire. Je ne nie pas que le bel esprit et le goût du paradoxe n'aient eu une grande part dans la forme que Fontenelle donna à sa guerre contre les préjugés, non plus que je n'affirme qu'il ait choisi cette forme de propos délibéré. Mais dans la lutte des idées, chacun choisit d'instinct la position qui lui convient, et nulle tactique n'était mieux faite pour le tour d'esprit de Fontenelle que celle qu'il a choisie. Il ne dogmatise pas, comme le dit La Bruyère; il n'apporte pas dans la discussion des décisions sans réplique; il se contente de se jouer des esprits décisionnaires et de la certitude de tant d'opinions en réalité si incertaines; et par son badinage il s'insinue tout doucement dans les esprits, il dissout peu à peu, sans éclat et sans bruit, les convictions les plus robustes et les plus féroces. Ce n'est pas tant les croyances ou telle et telle croyance qu'il atteint, que l'habitude de croire, et par là il a contribué plus que personne, sur la fin du grand règne, à la transformation de l'esprit français.

J'ai à peine dit un mot du philosophe, et pourtant Fontenelle l'était déjà dans ses *Dialogues*. Mais d'où lui venait cette philosophie? Il est assez piquant que le plus croyant des philosophes soit le père spirituel du moins crédule des hommes. En arrivant à Paris en 1674, vers l'âge de dix-sept ans, Fontenelle put voir la primeur et la vogue de la *Recherche de la vérité*, et dès lors il fut malebranchiste autant qu'il pouvait l'être. Tout ce qui appartient proprement à Malebranche dans cet ouvrage célèbre (vision en Dieu, causes occasionnelles, etc.), glissa sur son esprit net et fin sans y mordre. Mais comme Malebranche est de tous les cartésiens le plus acharné contre l'autorité et le plus dédaigneux à l'égard des anciens, son disciple se nourrit de ses préjugés comme de sa haine méprisante pour eux : c'est ce qui ne peut faire aucun doute. Qu'on lise seulement, pour s'en assurer, cette page de la *Recherche :* « On estime davantage les opinions les plus vieilles, parce qu'elles sont plus éloignées de nous. Et sans doute si Nemrod avait écrit l'histoire de son règne, toute la politique la plus fine et même toutes les autres sciences y seraient contenues, de même que quelques-uns trouvent qu'Homère et Virgile avaient une connaissance parfaite de la nature. Il faut respecter l'antiquité, dit-on. Quoi ! Aristote, Platon, Épicure, ces grands hommes, se seraient trompés? On ne considère pas qu'Aristote, Platon, Épicure étaient hommes, comme nous, et de même espèce que nous; et de plus qu'au temps où nous sommes, le monde est plus âgé de deux mille ans, qu'il a plus d'expérience, qu'il doit être plus éclairé et que c'est la vieillesse du monde et l'expérience qui font découvrir la vérité ». Voilà donc Malebranche moderne avant Fontenelle, qui le devient avec lui avant Perrault, et pour les mêmes raisons tant positives que négatives. Car ce n'est pas seulement dans leur mépris pour la philosophie traditionnelle des écoles et pour l'antiquité profane que le maître et le disciple s'accordent. C'est encore au nom des mêmes principes (stabilité inviolable des lois de la nature et nécessité du progrès, à mesure que le monde vieillit, qu'ils proclament la supériorité des modernes sur les anciens. Même aversion pour les préjugés, sérieuse et profonde dans l'auteur de la *Recherche*, légère et moqueuse dans celui des *Dialogues*. J'ajouterais même amour de la science dans l'un et dans l'autre, s'il n'était pas convenu que Fontenelle est sceptique. N'a-t-il pas mis dans la bouche d'Homère, conversant avec Ésope, la profession du scepticisme le plus absolu ? « Vous vous imaginez, fait-il dire au vieux poète, que l'esprit humain n'aime que le vrai ; l'esprit humain et le faux sympathisent extrêmement. Si vous avez la vérité à dire, vous ferez bien de l'envelopper de fables ; elle en plaira beaucoup plus... Le vrai a besoin d'emprunter la figure du faux pour être agréablement reçu dans l'esprit humain ; mais le faux y entre bien sous sa propre figure ; car c'est le lieu de sa naissance et sa demeure ordinaire, et le vrai y est étranger ». Fontenelle est là tout entier, dit-on, et Vinet conclut de ce passage que Fontenelle a manqué au respect que l'on doit à l'esprit humain. J'avoue que je n'en crois rien, et j'oppose à l'assertion de Rigault, comme à celle de Vinet, ce fait constant qu'il n'a jamais mis en doute la vérité des démonstrations mathématiques, ni celle des observations physiques bien faites. L'esprit humain, dont il parle ici par la bouche d'Homère, est-il bien cet esprit humain dont il allait un jour devenir l'infatigable et allègre secrétaire durant quarante-quatre ans ? Ou n'est-ce pas plutôt l'esprit humain dans son enfance, encore tout enveloppé de la sensation et des imaginations sensibles ?

Toutefois, Vinet ne se trompe qu'à demi dans cette sévère parole que Fontenelle méprise la dignité originelle de l'esprit humain. Non, que je ne trouve excessif le compte qu'il fait des pensées sceptiques semées dans les *Dialogues des morts ;* mais l'impression générale qu'il a de cet ouvrage est juste. Elle est plutôt triste que gaie, malgré les gentillesses et peut-être à cause des gentillesses que l'auteur y a répandues à profusion. Ce qui y domine, c'est une raison souvent fine et pénétrante, féconde en vues ou vraies ou spécieuses, mais sèche au fond. Le *pectus*, le cœur y fait presque complètement défaut; l'imagination y est ingénieuse, mais sans élan. Avec le Fontenelle des *Dialogues*, quoique nous ne soyons encore qu'à l'an 1683, nous ne sommes plus dans le .XVII° siècle ou dans le siècle par excellence de l'admiration; nous touchons au temps où l'admiration paraît le partage des sots (1). Ce caractère, purement rationaliste des écrits de Fontenelle, est aussi celui des ouvrages de ses principaux amis, de Perrault croyant, comme de Lamotte qui l'était peut-être, comme de Terrasson qui ne l'était guère. Tous sont des raisonneurs à outrance et se croient raisonnables. Tous ils en appellent uniquement à la raison. La foi, même celle qu'on pourrait appeler

____

(1) Mot de Mme Lambert, amie de Fontenelle et de la plupart des *Modernes.*

la foi naturelle, est absente de leurs écrits en prose. Si elle tient quelque place dans leur pensée, c'est une place réservée et insensible; elle n'agit point sur la nature et le train de leurs spéculations habituelles. Bornons-nous à Fontenelle. Il faudrait avoir un flair très fin pour découvrir dans ses *Dialogues* et dans les œuvres qui les suivirent la trace évidente du christianisme et même de l'esprit religieux. Sans doute, il ne nie pas, il ne met en doute ni les dogmes, ni même l'efficacité des pratiques dévotes; il ne les attaque en quelque sorte que par son estime exclusive de la raison, mais il a la prudence de mettre la foi à l'écart, et sa conciliation de la religion et de la raison, ce rêve de tous les grands esprits du XVII° siècle, est très simple : il n'a garde de toucher à la religion, ni en bien, ni en mal. Il se renferme en général à son égard dans un silence prudent.

Il s'avisa pourtant, après la révocation de l'édit de Nantes, de dire son mot sur Rome et sur Genève, dans l'allégorie satirique intitulée : *Relation de l'île de Bornéo*. Il y rappelait très sommairement les principales nouveautés que les protestants reprochaient à Rome d'avoir introduites dans le christianisme (célibat des prêtres, communion sous une seule espèce, transubstantiation, culte des saints (1). Il avançait qu'il y a plus de conformité entre Genève (Enégu) et la tradition judéo-chrétienne (Solime), qu'entre celle-ci et Rome (Méro). Il hasardait enfin un blâme discret mais for-

(1) La Relation a des expressions et des périphrases assez insolentes (eunuques, magiciens qui font périr le pain, salle des cadavres), pour exprimer tout cela.

mel sur le guet-apens, dont le calvinisme venait d'être
la victime, et qui, en l'affaiblissant extrêmement, ne
fortifiait pas beaucoup le catholicisme. Fontenelle en-
voya ce petit écrit à son ami Basnage, qui le communiqua à Bayle, et celui-ci lui joua le mauvais tour de
le publier dans son journal, avec le nom de l'auteur (1).
Notre bel esprit libertin s'aperçut bientôt qu'il n'était pas
de l'autre côté du Rhin où tout pouvait se dire et s'écrire,
et je ne sais comment il évita la Bastille et peut-être
pis encore. Il encourut, dit-on, sinon les mêmes périls,
du moins les mêmes ombrages et le même mauvais vouloir de l'autorité lorsqu'il eut donné la *Dissertation sur
les oracles*, librement imitée d'un gros livre de Van Dale.
Mais quand? Comment? Quels furent ses ennemis et quels
furent ses protecteurs. Nous sommes aussi mal rensei-
gnés sur les circonstances de ce second accident que
sur celles du premier (2). Quoi qu'il en soit de ces

(1) Villemain commet ici une grave erreur en écrivant:
« D'Argenson, déjà en crédit, le sauva du P. Le Tellier ». D'Argenson n'administrait pas encore la police en 1685. Et ce n'était
pas Le Tellier qui était confesseur du roi, mais le P. Lachaise,
qui ne cessa de l'être que par sa mort en 1709.

(2) Le *Dictionnaire historique* donne la date exacte de l'ouvrage, 1687. Mais il rejette à 1707 le danger que courut l'auteur.
Vingt ans entre l'apparition et la persécution d'un livre qui
souleva immédiatement une foule de contradictions, c'est une
chose bien invraisemblable. Les détails suivants, possibles en
ce qui concerne l'intervention de d'Argenson, impossibles quant
à celle de Le Tellier, prouvent avec les formules: *on prétend,
dit-on*, que l'auteur de l'article n'était rien moins que bien ir-
formé: « *On prétend* que le P. Le Tellier, confesseur du roi (il ne
l'était pas en 1707), ayant lu le livre de Fontenelle, peignit l'auteur à
son pénitent comme un impie. Le marquis d'Argenson, écarta,
dit-on, la persécution qui allait éclater contre le philosophe.

orages plus ou moins graves, les années 1685, 1686, 1687 paraissent les plus agitées et les moins timides de la vie de Fontenelle. Oubliant à demi son habituelle discrétion, on dirait que, sous l'influence de la philosophie et de la science auxquelles il se livrait alors tout entier, il est pris d'une velléité d'indépendance et ressent comme un accès d'humeur batailleuse. Gêné, impatienté d'oppositions redoutables qu'il prévoit, il laisse échapper ses sentiments à l'égard des adversaires d'où partiront les coups. « Il ne me reste plus, écrit-il dans sa préface de la *Pluralité des mondes*, qu'à parler à une sorte de personnes, mais ce seront peut-être les plus difficiles à contenter; non que l'on n'ait à leur donner de fort bonnes raisons, mais parce qu'ils ont le privilège de ne se payer pas, s'ils ne veulent, de toutes les raisons qui sont bonnes. Ce sont les gens scrupuleux qui pourront s'imaginer qu'il y a du danger, par rapport à la religion, à mettre des habitants ailleurs que sur la terre. Je respecte jusqu'aux délicatesses excessives que l'on a sur le fait de la religion; et celle-là même je l'aurais respectée au point de ne la vouloir pas choquer, si elle était contraire à mon sentiment... Quand on vous dit que la lune est habitée, vous vous y représentez aussitôt des hommes faits comme nous, et puis, si vous êtes un peu théologien, vous voilà tout plein de difficultés ». Faut-il voir dans ces lignes ironiques une bravade ou une simple précaution ? Probablement l'une et l'autre. Dans tous les cas, Fontenelle ne tint compte des difficultés qu'il pressentait, et le succès que son livre obtint dans le public le débarrassa des contradictions ou tout au moins des dangers qu'elles auraient pu lui susciter.

Mais il n'en fut pas ainsi de l'*Histoire des oracles*.
Ici l'auteur met le pied sur le terrain théologique, un
tout petit bout du pied il est vrai ; car il se gardait bien
d'entrer dans aucune des grandes controverses du temps
et se bornait à examiner une de ces mille questions in-
cidentes qui se sont mêlées à l'histoire ecclésiastique et
qui ne touchent qu'indirectement à la foi. De quoi
s'agit-il dans tout son livre sur les oracles ? De savoir
s'ils ont quelque chose de surnaturel et s'ils ont été
rendus par les démons ou s'ils n'étaient que le produit
de l'imposture des prêtres païens, et en second lieu,
s'ils ont cessé à l'apparition du Christ. De telles questions ne nous troublent guère aujourd'hui ; elles n'ont
même qu'un intérêt médiocre dans le livre agréable de
Fontenelle. Qu'est-ce donc qui en faisait alors l'importance et par suite la témérité de l'auteur ? C'est que les
Pères ont en général adopté la thèse de la production
des oracles par les démons, tout en admettant, par
une contradiction au moins apparente, que les oracles
n'étaient que le fruit de l'imposture des prêtres. De
même, certains Pères affirment que la venue du Christ
a fait cesser la puissance fatidique des démons, ce qui
ne les empêche pas d'avancer des faits qui prouvent
qu'elle durait toujours et qu'elle n'a cessé qu'à l'extinc-
tion du paganisme. Ce sont ces contradictions de la
polémique des Pères que Fontenelle relève avec sa
netteté et son piquant ordinaires. Je n'entends pas le
suivre dans sa discussion qui porte le plus souvent sur
des faits trop particuliers pour être analysés et résumés.
Il suffit de noter l'esprit tout rationaliste de ses deux
dissertations. Il n'est pas effrayé ni arrêté par l'autorité

des Pères. S'il les respecte comme témoins et interprètes de la tradition chrétienne, il ne se croit pas tenu de les respecter comme historiens, par exemple lorsqu'ils citent des oracles manifestement impossibles et apocryphes. Leur dire en pareil cas n'a pas plus de valeur que celui d'un Cédrénus et d'un Suidas. Ils empruntaient de toute main et sans contrôle, à des livres apocryphes ou interpolés, des faits surprenants et merveilleux qui paraissaient servir à leur cause, sans se mettre en peine s'ils étaient réels et possibles. Et puis ils raisonnaient, ils spéculaient sur ces faits, ils les expliquaient en les rapportant à des causes imaginaires, avant de vérifier s'ils avaient jamais été. C'est l'éternelle histoire de la dent d'or. En 1593, le bruit courut qu'un enfant de Silésie ayant perdu ses dents, il lui en poussa une d'or à la place d'une de ses grosses dents. Aussitôt le savant Horstéus, professeur en médecine, Rullandus, Ingolsteterus, Rullandus de rechef, et Libavius, écrivirent à ce sujet de doctes et gros livres. « Il ne manquait qu'une chose à tous ces beaux ouvrages, sinon qu'il fût vrai que la dent était d'or. Quand un orfèvre l'eut examinée, il se trouva que c'était une feuille d'or appliquée à la dent avec beaucoup d'adresse ; mais on commença par faire des livres et puis on consulta l'orfèvre ». Fontenelle ajoute : « Je suis moins convaincu de notre ignorance par les choses qui sont et dont les raisons nous sont inconnues, que par celles qui ne sont pas et dont nous trouvons la raison ». Il serait facile de citer d'autres exemples de cet esprit de rationalisme aussi pénétrant que spirituel. C'est là ce qui fit scandale parmi les gens d'Église et non pas sans cause. Le seul fait d'attaquer des opinions parasites qui ne tiennent que très indirectement à la foi, mais auxquelles ils étaient attachés et peut-être plus attachés qu'à la foi même, aurait suffi pour soulever leurs clameurs. Mais est-ce leur prêter trop de clairvoyance que d'avancer qu'ils suspectaient à bon droit les intentions de Fontenelle et que, dans l'auteur timide de l'*Histoire des oracles*, ils pressentaient la polémique autrement hardie de Voltaire. Je ne sais pourtant si leurs cris et leur mauvais vouloir allèrent jusqu'à mettre sérieusement Fontenelle en péril. Mais il sentit qu'il n'y avait pas de sûreté pour lui à toucher aux choses religieuses, et désormais il se le tint pour dit. Il y avait donc longtemps (1687-1707) qu'il avait renoncé à toute velléité batailleuse, si ce n'est dans la querelle des anciens et des modernes, lorsque Leclerc le pressa de descendre dans la lice contre le P. Baltus, qui venait de publier un gros livre pour écraser l'*Histoire des oracles*. « Je n'ai point du tout l'humeur polémique, lui répondit-il, et toutes les querelles me déplaisent. J'aime mieux que le diable ait été prophète, puisque le Père Jésuite le veut et qu'il croit cela plus orthodoxe ».

Sa pensée d'ailleurs était en train de prendre une autre orientation. Tandis qu'il était en butte comme écrivain aux railleries de Racine, de Boileau, de La Bruyère et de leurs amis, il se livrait silencieusement à l'étude de la philosophie et plus particulièrement des mathématiques et de la physique. Il se sentit bientôt assez exercé dans ces belles et « agréables » connaissances (il dit ailleurs délicieuses), qui séduisaient son esprit raisonneur et net, pour concevoir l'ambition,

sinon d'y ajouter par ses inventions personnelles, au
moins de les vulgariser. Il s'étonnait qu'elles restas-
sent enfermées dans un petit nombre de têtes savantes
et qu'elles fussent comme non avenues pour tant de
personnes de loisir, qui ne manquent pas cependant
d'intelligence. « Il faut avouer, écrivait-il plus tard,
que la nation française, aussi polie qu'aucune autre
nation, est encore dans cette sorte de barbarie, qu'elle
doute si les sciences, poussées à une certaine perfection, ne dérogent point et s'il n'est point plus noble
de ne rien savoir » (1).

C'est dans le dessein de dissiper ce préjugé et d'ins-
pirer par l'agrément le goût des sciences aux gens de
qualité, c'est-à-dire aux personnes qui ont le plus de
loisir et de moyens de les cultiver, qu'il publia en 1686
sa *Pluralité des mondes*. La manchette de Cydias,
comme on l'a dit, reparaît bien de temps en temps
dans cet ouvrage, mais sauf quelques mièvreries de
mauvais goût et quelques galanteries fades, il y a tant
de piquant et de vérité dans ces entretiens d'une igno-
rante sensée et d'un philosophe spirituel qu'ils ins-
truisent en même temps qu'ils amusent. Seulement,
pour que le style familier et coquet, le ton sérieux et
badin tour à tour du livre ne soit pas déplacé, il ne
faut point surfaire la portée du livre et en faire, comme
Vinet, une exposition du système de l'univers tel qu'on

(1) Éloge de l'Hôpital, 1704. — La même pensée se retrouve
sous une autre forme dans l'éloge de Newton: « Le comte
d'Halifax, chancelier de l'Échiquier et grand protecteur des savants, car les seigneurs anglais ne se piquent pas de l'honneur
d'en faire peu de cas et souvent le sont eux-mêmes, obtint du
roi Guillaume de créer Newton garde des monnaies ».

le concevait alors. La théorie de Copernic, étendue et confirmée par les découvertes astronomiques de Galilée et de Cassini, est bien le point de départ des spéculations de Fontenelle, mais la pluralité des mondes en est le véritable et unique sujet. Il se propose de prouver, autant que la chose est possible, que « la terre peut être (et est en effet) une planète, les planètes des sortes de terres, et les étoiles autant de soleils qui éclairent des mondes », et que par conséquent tout est peuplé d'êtres animés, à l'exception des soleils. Cette question était plus déterminée et surtout plus propre à piquer la curiosité des gens du monde que le système de l'univers.

Je n'entends pas donner une analyse de la *Pluralité des mondes* et moins encore, vu mon incompétence, essayer de faire la part du vrai et de la fantaisie scientifique dans ce livre. Je me borne à indiquer ce qu'il y avait de hardi dans l'entreprise de Fontenelle et l'extrême liberté d'esprit qu'elle suppose (1). Non seulement il attaque à tout propos la vanité de l'homme qui se fait le centre de l'univers et qui s'imagine que tout, sans exception, dans la nature est fait pour son usage, mais encore il plaçait à côté de notre petit globe terrestre autant de mondes habités qu'il y a de planètes dans notre système solaire : ce qui était déjà assez peu conforme à la tradition. Ce n'est pas tout : admettant l'idée, déjà proposée par d'autres, que les étoiles fixes sont des soleils ou des astres brillant de leur propre lumière, il était conduit à supposer qu'elles formaient des systèmes analogues au nôtre, et que leurs planètes

(1) Fontenelle, t. II, p. 26.

étaient des mondes habités comme notre globe. Je passe sur les innombrables étoiles minuscules de la voie lactée, « fourmilière d'astres et graine de mondes ». Mais au-delà des fixes dont la lumière vient jusqu'à nous, la raison conçoit dans les immenses profondeurs de l'espace d'autres étoiles et ainsi à l'infini. « Voilà l'univers si grand, dit la marquise, que je m'y perds; je ne sais plus où j'en suis; je ne sais plus rien... Tout cet espace immense, qui comprend notre soleil et nos planètes, ne sera qu'une parcelle de l'univers? Autant d'espaces pareils que d'étoiles fixes? Cela me confond, me trouble, m'épouvante ». Cela, en effet, bouleversait toutes les idées reçues et, en donnant à l'univers une face nouvelle, préparait une autre conception du monde moral. « Un caractère distinctif des *Entretiens sur la pluralité des mondes*, dit très justement Vinet, c'est l'absence complète du sentiment religieux ». Je ne crois pas que le mot de Dieu y soit prononcé une seule fois; il est partout remplacé par celui de nature. C'étaient là des symptômes plus graves que la bluette sur l'*Histoire de l'île de Borneo* qui avait paru l'année précédente et que les attaques détournées de l'*Histoire des oracles* qui allait paraître. Cependant, le livre ne paraît pas avoir excité de défiance et fut reçu avec les plus grands applaudissements.

Mais soit que Fontenelle eût épuisé dans la *Pluralité des mondes* tout ce qu'il avait d'audace, soit qu'il ait senti que le mélange de science et de fiction qui fait le caractère de ce livre n'est pas la vraie forme de l'exposition des vérités scientifiques, soit pour toute autre raison, le succès ne l'encouragea pas à recommencer (1), et même de 1686, où il se révéla comme savant jusqu'en 1697, où il devint secrétaire de l'Académie des sciences, on ne trouve plus qu'un seul indice de ses études scientifiques, la préface qu'il fit en 1696 pour l'*Analyse des infiniment petits* de L'Hôpital (2). On ne peut douter cependant qu'il n'ait continué dans cet intervalle son éducation mathématique, comme cette préface suffit à le prouver; quant aux connaissances physiques, il suivait alors Duhamel et Duvernai, qu'il avait mis l'un et l'autre en rapport avec son ami Varignon. Il était donc sinon tout désigné, au moins tout préparé pour succéder à Duhamel, lorsque ce premier secrétaire perpétuel de l'Académie des sciences prit sa retraite en 1697. Dès lors, il se voua tout entier à ses nouvelles fonctions, et quarante-quatre années durant (3), sans lassitude et sans défaillance, il

(1) Il semble même prendre l'engagement de ne pas récidiver dans ces paroles de sa préface des *Mondes* : « Il se peut bien faire qu'en cherchant un milieu où la philosophie convînt à tout le monde, j'en aie trouvé un où elle ne convienne à personne; les milieux sont trop difficiles à tenir, et je ne crois pas qu'il me prenne envie de me mettre une seconde fois dans la même peine ». T. II, p. III.

(2) Les ouvrages qu'il fit jusqu'en 1691 n'ont plus rien de scientifique : 1687, *Histoire des oracles, Discours sur la patience;* — 1688, *Discours sur l'Églogue, Digression sur les anciens et les modernes;* — 1689, *Vie de Corneille.*

(3) 44 est le chiffre donné par de Fouchy dans son éloge de F. Celui de 40 que donne Villemain est fautif dans tous les cas. S'il part de 1699 pour aller à 1640, ces deux années comprises, cela donnerait non 40, mais 42. — Maintenant, en ajoutant à ce nombre les années 1697, 1698, où F. fit effectivement les fonctions de secrétaire perpétuel, mais, à ce qu'il semble, à titre provisoire, nous arrivons au nombre de de Fouchy.

tint la plume pour l'Académie. Non content d'enregis-
trer exactement, comme son prédécesseur, les procès-
verbaux des questions agitées dans la docte assemblée,
avec la correspondance et les mémoires qui lui venaient
de la France et de l'étranger, il publia chaque année
un volume de l'*Histoire de l'Académie* (1). A cette
innovation, il en ajouta, à partir de 1699, une autre
qui complétait la première : il introduisit l'usage de
lire l'éloge de tout académicien français ou étranger
à la séance publique qui suivait sa mort. Et par cette
double innovation, il ranima l'Académie qui semblait
languissante depuis quelques années.

Je ne fais que mentionner l'*Histoire de l'Académie
des sciences* et les *Éloges*, quoique ces écrits fassent le
plus grand honneur au talent de Fontenelle et à son
intelligence nette et flexible. Mais je cherche moins en
lui les qualités de l'écrivain que l'esprit nouveau dont
il fut un des promoteurs et le représentant le plus
complet avant les *Lettres persanes* de Montesquieu et
les premières tragédies de Voltaire. Sans dépasser
beaucoup Saint-Évremond comme philosophe, sans
égaler Bayle comme érudit et comme dialecticien, il
se montra tout d'abord sceptique ou libre penseur, et
je crois qu'il le resta toujours. A l'habitude de tout
soumettre à l'examen de la raison, il joignait une curiosité scientifique et un goût pour la nouveauté, bien

(1) Ce qui me fait croire que l'idée des Annales de l'Académie
des sciences est due tout entière à Fontenelle, c'est que l'histoire en latin de cette même Académie, par Duhamel, ne vit le
jour qu'en 1698, c'est-à-dire probablement après le premier volume de F.

rares chez les lettrés de cette époque et qui durent trouver un aliment et une satisfaction dans ses fonctions académiques. Déplorant avec son ami, l'abbé Bignon, de voir tant de belles découvertes ou utiles ou curieuses des deux derniers siècles rester dans le cercle étroit de ceux qui cultivaient les sciences, il aspira, quand il fut secrétaire perpétuel, à les faire sortir de cette obscurité, préjudiciable à l'intérêt public, préjudiciable à la considération des savants et à l'honneur de la science. C'est sans doute moins une réalité qu'il exprime qu'un vœu et une espérance, lorsqu'il parle quelque part de « l'esprit géométrique qui se répand plus que jamais, et qui se communique de proche en proche à ceux mêmes qui ne connaissent pas la géométrie ». Mais tel paraît bien le but qu'il s'est proposé dans ses procès-verbaux annuels de l'Académie et dans les éloges des académiciens, répandre de plus en plus non seulement les nouvelles découvertes, mais l'esprit scientifique, en éclaircissant les inventions des savants, en glorifiant leur vie austère et laborieuse, en apprenant à toutes les personnes intelligentes de loisir à aimer et à considérer les savants et la science.

Le succès répondit à ses espérances. « Les lecteurs les moins appliqués, dit Duclos, se crurent savants en parcourant ses ouvrages, et la facilité qu'on trouvait à l'entendre nuisait peut-être à la reconnaissance qu'on lui devait ». L'auteur de son Éloge va plus loin : il avance que l'*Histoire de l'Académie* devint « un livre à la mode ». Même, si on l'en croit, « le goût des sciences se communiqua de proche en proche et l'espèce de barbarie dans laquelle on était sur cet article céda à la lumière naissante..... Heureusement, le nombre (de ceux qui se refusent à cette lumière) est aujourd'hui le plus petit et diminue de jour en jour ». S'il y a quelque exagération dans ces lignes, il est pourtant incontestable qu'à la date de 1757, où fut écrit l'éloge de Fontenelle, la science avait pénétré dans la société française plus qu'elle n'avait fait jusqu'alors. Tous les écrivains en sont plus ou moins imbus. Les plus illustres, comme Voltaire et Montesquieu, s'y essaient, ou, comme Buffon, y consacrent leur génie et leur éloquence. D'autres qui, sans être au premier rang dans les lettres, ne sont pourtant pas des auteurs à mépriser, y excellent, comme d'Alembert, ou jettent à pleines mains, comme Diderot, des vues profondes sur la nature. Il n'y a presque plus d'esprit cultivé à qui la science soit étrangère, et lorsque s'éteint Fontenelle, on est en plein sur la voie du prodigieux mouvement scientifique qui signalera la fin du siècle et qui se prolongera dans le suivant.

Mais à cette culture presque exclusive et à ce progrès de la science s'attache un inconvénient à peu près inévitable. La science implique un scepticisme latent qui ne peut manquer d'éclater. En effet, presque toute découverte en physique vient se heurter en naissant contre quelque explication bizarre ou quelque préjugé, qui lui crie du haut de son ancienneté : *on ne passe pas*. Ainsi le système du mouvement de la terre autour du soleil est tenu en échec pendant près de trente ans par un texte plus ou moins bien entendu de Josué. Ainsi en 1654, quoique les éclipses fussent déjà assez bien expliquées, presque tout Paris se blottit dans ses caves, dans la terreur qu'inspira une éclipse de soleil (1). Ainsi, lorsque Jacques Bernouilli, à l'occasion de la comète de 1680, tenta l'explication de la nature de ces astres, qu'il considérait comme des corps célestes, ayant des mouvements réglés comme les autres, on lui proposa sérieusement cette puérile objection, que si elles étaient des astres réglés, elles n'étaient donc pas des signes extraordinaires de la colère céleste (2). L'histoire est pleine de ces conflits implicites ou explicites entre la science et ces explications fabuleuses et fantastiques.

Fontenelle, on le sait, ne cherchait pas les coups et n'y répondait pas, depuis qu'il s'était fait des affaires par son *Histoire des oracles*. Il se contentait d'aller tranquillement son chemin et d'expliquer de son mieux les découvertes de ses confrères et les services qu'ils avaient rendus ou qu'ils rendaient à la science et au public, toujours sceptique d'ailleurs et plus amoureux que jamais des nouveautés et des progrès de la science.

Sa considération s'était considérablement accrue de 1697 à 1715, et de cette date de la mort du grand roi à 1740, où il obtint de prendre sa retraite; et son influence sur ses jeunes contemporains avait grandi dans la même proportion. Aussi je ne crains pas de dire que, si l'on veut se rendre compte de son action sur les esprits, ce n'est pas dans ses premières œuvres, *Dialogues*, *Mondes*, *Histoire des oracles*, *Digression*, qu'il la faut chercher, mais dans l'œuvre de son ministère académique. Il y apportait un double préjugé dont le XVIII° siècle resta si profondément imbu, le mépris de .

(1) *Pluralité des mondes*, 2° soirée.
(2) *Éloge* de Bernouilli.

l'antiquité et l'infatuation du présent ; et ces deux préjugés, dont le dernier n'aurait été après tout que justice, s'il n'avait pas supposé le premier, ne prirent le dessus que par la considération et l'influence croissantes du secrétaire perpétuel de l'Académie des sciences. Séduit, plus qu'on ne saurait le croire d'un esprit si froid, par le charme des démonstrations mathématiques et par celui des faits bien observés, il inspira les mêmes préventions aux jeunes générations dont sa longue vie le fit contemporain : c'est ainsi qu'il discrédita l'autorité, même celle qu'il aurait voulu respecter et qu'il ménagea toujours, excepté dans l'opuscule qui n'était pas destiné au public, sur l'île de Bornéo. On est même étonné qu'il ait partagé certaines illusions des auteurs de la Révolution. Il a fini par croire au règne de la raison. Ce n'est encore que peu marqué dans ces mots d'une de ses lettres : « Nous sommes dans un siècle où la raison commence à prendre plus d'empire qu'elle n'en avait eu, du moins depuis longtemps. Cela me paraît de ce que vous me mandez que vos gens d'Église commencent à se dégoûter des diableries » (1). Mais un rêveur comme l'abbé de Saint-Pierre, ou comme plus tard Condorcet, aurait pu signer les paroles suivantes : « Nous sommes dans un siècle où les vues commencent insensiblement à s'étendre de tout côté. Tout ce qui peut être pensé ne l'a pas été encore. L'immense avenir nous garde des événements que nous ne croirions pas aujourd'hui, si quelqu'un pouvait les prédire ».

Certes, comme le dit Villemain, on a fait une grande

____

(1) Allusion aux prétendus prestiges des démons dans la production des oracles. Lettre du 16 octobre 1732, à Gossched.

hyperbole académique en le (Fontenelle) supposant le promoteur de tout le XVIIIᵉ siècle ». Il eût fallu pour cela avoir le diable au corps, et Fontenelle ne l'avait pas, ne pas craindre de se perdre inutilement, et Fontenelle était trop avisé, avait trop de soin de sa personne, pour jouer mal à propos le héros. Mais il a pressenti et inauguré le règne de la science ou de la raison, et préparé par là les générations plus jeunes et plus audacieuses qui tentèrent l'œuvre de l'Encyclopédie. Il est, avec Bayle, celui de nos sceptiques français qui fournit le plus d'éléments sérieux à la polémique de Voltaire et les plus solides combattants de son armée. L'ancien scepticisme épicurien n'existait plus comme doctrine, lorsque Fontenelle arriva au titre de secrétaire perpétuel; il n'existait plus que comme protestation contre le bigotisme servile et asservissant de l'époque. Il commençait à se perdre dans la débauche et l'orgie. Voltaire ne lui fit que trop d'avances déplorables. Mais il serait absurde autant qu'injuste de réduire toute sa philosophie à ces écarts. Il trouvait sous sa main le scepticisme historique et dialectique de Bayle, qui lui apprit à chercher des armes dans l'histoire. Quant à ce que ses disciples et lui empruntèrent de Fontenelle, c'est l'esprit même de la science, ou l'habitude de n'admettre que des principes vérifiés par la démonstration ou par l'expérience. C'est ainsi que se forma au sein même du XVIIᵉ siècle, lentement et peu à peu, le siècle qui devait détruire l'œuvre du grand roi et de ses coopérateurs ecclésiastiques.

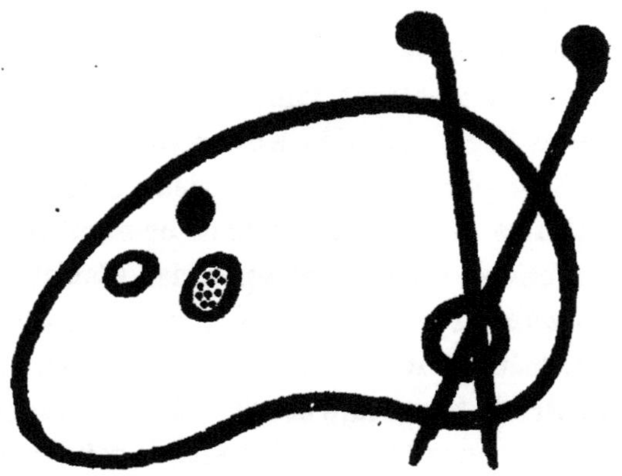

Original en couleur

NF Z 43-120-8